SUMÁRIO

ESTADO PROFUNDO

UMA HISTÓRIA DE AGENDAS SECRETAS E DE GOVERNOS SOMBRA

IAN FITZGERALD

The Deep State - A history of secret agendas and shadow governments

Os direitos desta edição pertencem à
Pé da Letra Editora
Rua Coimbra, 255 - Jd. Colibri - Cotia, SP, Brasil
Tel.(11) 3733-0404
vendas@editorapedaletra.com.br / www.editorapedaletra.com.br

Esse livro foi elaborado e produzido pelo

Sr. ARANDA ESTÚDIO
(11) 93020-0036

Tradução Fabiano Flaminio
Design e diagramação Adriana Oshiro
Revisão Larissa Bernardi e Paula Santana
Coordenação Fabiano Flaminio

Impresso no Brasil, 2021

Dados Internacionais de Catalogação na Publicação (CIP)
Câmara Brasileira do Livro, SP, Brasil
Angélica Ilacqua - CRB-8/7057

Fitzgerald, Ian

Estado Profundo : uma história de agendas secretas e de governos sombra / Ian Fitzgerald ; tradução de Fabiano Flaminio. -- Brasil : Pé da Letra, 2021.

256 p. : il.

ISBN: 978-65-5888-122-3.
Título original: The Deep State - A history of secret agendas and shadow governments

1. Política e governo – Crimes – História 2. Estado – Crimes – História
3. Crime organizado – História I. Título. II. Flaminio, Fabiano

21-0508 CDD-320.09

Índices para catálogo sistemático:
1. Estado profundo – História

AGRADECIMENTO

Eu gostaria de agradecer à equipe da Arcturus, especialmente à Vanessa Daubney, por me dar a oportunidade de escrever este livro, e ao John Turing, por garantir que eu o fizesse - dando-me muitos conselhos e com uma paciência exemplar. Agradeço, também, à Diana Vowles, por editar e copiar o manuscrito, e ao Dean Rockett, por seus esforços de revisão. Eles definitivamente ajudaram a poupar erros em mais de uma ocasião, e quaisquer deslizes e omissões que permaneceram são todos meus. Eu também gostaria de reconhecer os jornalistas, repórteres, escritores e pesquisadores em todo o mundo, cujo trabalho ajudou na inspiração e no nascimento deste livro.

INTRODUÇÃO

"Em todas as épocas, qualquer que seja a forma e o nome do governo, seja monarquia, república ou democracia, uma oligarquia se esconde atrás da fachada".

Ronald Syme, *The Roman Revolution (1939)*

PARA QUE SERVEM OS GOVERNOS? É uma grande pergunta com muitas respostas, dependendo de seu ponto de vista. Em um nível muito básico, a maioria das pessoas concordaria que os governos existem para proteger seus cidadãos de danos, para garantir-lhes uma estrutura na qual possam viver suas vidas de forma segura e justa. Mas nem todos veem as coisas dessa maneira. Para os estados profundos, os governos são meramente os veículos pelos quais seus interesses avançam; os cidadãos, ao contrário, são meramente pedestres, espectadores a serem derrubados se atrapalharem o caminho.

Enquanto houver estados nacionais, haverá estados profundos que os manipulam ou os minam. Neste livro, começaremos com a Grécia

Antiga e Roma e terminaremos em torno da época da eleição de Donald Trump como presidente dos Estados Unidos e do referendo Brexit, de 2016, no Reino Unido, explorando quão profundo os estados se manifestam em todas as épocas e em todas as circunstâncias. Tão onipresentes são eles que, uma vez que você comece a olhar, é tentador repensar a civilização como uma grande cadeia inquebrável de interesses privados controlando eventos em que reis, rainhas, imperadores, papas, príncipes, políticos e presidentes atuam como homens e mulheres de fachada para os verdadeiros controladores da história. Isso pode, em última análise, ser uma declaração exagerada – mas, apenas justa.

Embora existam estados profundos, sem dúvida, eles possuem uma variedade de formas. Os interesses aristocráticos são os exemplos mais antigos que temos, surgindo no mundo clássico como uma reação às experiências novelísticas no governo que hoje chamamos de democracia e republicanismo. Os estados militares profundos vieram a seguir e, como veremos, nunca se afastaram completamente, com uma linhagem que vai da Guarda Pretoriana do mundo romano para os generais que controlam Egito, Paquistão, Tailândia, Mianmar e outros lugares.

A partir daí, os maus atores vêm aos montes e rapidamente. Como as instituições de governo desenvolvidas no mundo moderno, portanto, o estado profundo institucional ou burocrático é um órgão preocupado mais com sua própria autopreservação do que com os interesses do Estado em servir nominalmente. Da mesma forma, com o crescimento das operações comerciais, os negócios, finanças e comércio, surgiram estados profundos corporativos para capitalizar, literalmente e de outra forma, sobre as enormes riquezas e poderes disponíveis, fazendo e quebrando governos e usando seus recursos ilimitados para comprar políticos, influenciar o judiciário e estabelecer uma agenda legislativa que favoreça os lucros sobre as pessoas. Organizações do crime há muito compreenderam que suas necessidades e desejos também são melhoradas cultivando líderes políticos, e poucos o fazem melhor do que os estados profundos da máfia da Itália e dos EUA, e os ultraviolentos e empobrecidos narcoestados da América do Sul, que destroem suas sociedades civis enquanto acumulam vastas fortunas.

Nem todos os governos são atuantes, é claro. Alguns são altamente operadores, competentes do próprio estado profundo. A China, por exemplo, está formando uma lista de estados clientes em toda a África, mais notadamente no Zimbábue, enquanto a mão oculta da Rússia, hoje, se estende até o palácio presidencial da Síria e, sugere-se, até a Casa Branca, em Washington D.C., e na Downing Street nº 10, em Londres. Mais surpreendentemente, talvez, a república religiosa do Irã tenha rapidamente se tornado uma superpotência estatal profunda em todo o Oriente Médio, exportando sua versão divisória do Islã para uma região já conturbada, com resultados previsivelmente sangrentos. Depois, há os estados sombra que afirmam agir de acordo com o interesse de suas nações, mas sempre priorizam suas próprias agendas, em primeiro lugar e acima de tudo, notadamente, o governo de Vladimir Putin, na Rússia, e os 40 anos de reinado do Cristão Democratas e Socialistas, na Itália, praticantes de uma forma de cleptocracia patrocinada pelo estado, que se esconde da visão de todos e, impiedosamente, suprime qualquer forma de dissidência ou oposição.

Além disso, nos últimos 20 anos, mais ou menos, houve uma nova forma do estado profundo entrar na briga. A ascensão da computação, da tecnologia móvel, o rápido crescimento da internet como meio de comunicação e o compartilhamento de informações deram origem a estados profundos digitais, cujo tamanho e alcance têm o potencial de eclipsar qualquer forma de influência indevida que já existiu. Ao mesmo tempo, o mundo cibernético apresenta todos os estados profundos existentes - corporativos, políticos, burocráticos, criminosos, militares - com novas oportunidades para ampliar seus interesses e influenciar cada vez mais. É um desafio que eles, certamente, irão atrás. Adam Smith, o pai fundador da economia, escreveu em *A Riqueza das Nações* que "as pessoas do mesmo comércio, raramente, se encontram juntas, mesmo para alegria e diversão, mas a conversa termina em uma conspiração contra o público". É uma visão que é tão verdadeira hoje como era quando o livro de Smith foi publicado, em 1776. Smith viu que uma tendência para uma atividade de estado profundo é quase um resultado natural de qualquer interação entre poder e dinheiro – e, quanto maior for a interação, mais profundo será o estado.

Existem, infelizmente, centenas de exemplos de atividade do estado profundo para olhar ao longo dos milênios. Este livro só pode cobrir uma fração deles, portanto, o foco aqui é a qualidade e não a quantidade, tomando algumas das instâncias mais representativas do estado profundo, subterfúgios e favorecendo amplamente a era moderna. Ele cobre quase todos os continentes, volta ao passado e olha para o futuro, também - e o que emerge claramente é que, enquanto o *onde*, *quando* e o *quem* dos estados profundos podem mudar, o *porquê* permanece o mesmo.

CAPÍTULO 1

ESTADOS PROFUNDOS HISTÓRICOS

É TENTADOR PENSAR no estado profundo como um estado relativamente moderno, mas um olhar retrospectivo pela história revela exemplos em todos os lugares e em todas as épocas. O objetivo do estado profundo sempre foi consistente: promover seus próprios interesses contra os das autoridades governantes.

Neste capítulo, veremos como os vários tipos de estado profundo foram estabelecidos ao longo dos milênios. Há o oligárquico estado profundo das elites tradicionais, que surgiu logo na primeira cidade-estado democrática, Atenas e, depois, na republicana Roma. Depois, há o estado profundo militar, encarnado na Guarda Pretoriana e nas legiões do Império Romano e, mais tarde, no Estado-Maior do Japão

Imperial. O império Otomano do século XIX é o melhor exemplo de um acontecimento precoce do estado profundo burocrático, no que diz respeito (e interesses próprios) dos funcionários públicos e oficiais do governo que trabalharam nos bastidores para controlar o regime do qual discordavam das atividades. Finalmente, nós devemos explorar o estado profundo ideológico na França e na Alemanha, agindo após a Guerra Franco-Prussiana de 1870-71, e como seus estados anfitriões reagiram em troca.

A OLIGARQUIA DA ANTIGA ATENAS

Em 508 a.C., o legislador ateniense Cleisthenes introduziu um programa de reforma política que ele chamou de *demokratia* ("poder do povo"). Ao "inventar" a democracia, o objetivo de Cleisthenes era amenizar as tensões crescentes entre as elites oligárquicas tradicionais, que dominaram a política ateniense desde tempos imemoriais, e a crescente "classe média" de comerciantes e cidadãos que queriam uma palavra sobre como a cidade-estado era administrada. Entretanto, desde seu início, a democracia era suscetível à interferência e manipulação de grupos que buscavam priorizar seus interesses sobre o bem maior. Na antiga Atenas, isto significava a formação de um estado profundo oligárquico para roubar de volta o poder que a democracia os forçou a compartilhar com as ordens inferiores.

Os oligarcas reagem

Enquanto Cleisthenes e seus sucessores fizeram a nova maquinaria de governo tão à prova de adulteração quanto possível, os oligarcas, no entanto, encontraram uma maneira de entrar. A Assembleia é, provavelmente, o mais famoso exemplo do processo democrático em ação de Atenas, um "parlamento" aberto a todos os 40.000 cidadãos masculinos da cidade-estado. Mas um órgão do governo mais importante de um ponto de vista de estado profundo era o Bulé. Este era o escritório que fazia a maior parte do trabalho cotidiano da vida do cidadão. De forma crucial, ele controlava a agenda política, decidindo qual legislação era apresentada à Assembleia.

A adesão ao Bulé era decidida pelo sorteio de lotes, e isto deveria ser imune à corrupção – mas os registros históricos mostram um número superior na proporção normal de cidadãos oligárquicos que serviram nele, embora como eles conseguiram manipular o sorteio não é conhecido.

Nossa visão cor-de-rosa da democracia ateniense, certamente, precisa ser revisitada. Como a classicista Claire Taylor salientou, "Cada nível da política ateniense estava repleto de corrupção, dos oradores mais importantes para as menores eleições *deme*". Entre 6 e 10% dos altos funcionários públicos foram julgados sob a acusação de suborno durante a época de ouro de Atenas, com cerca da metade deles condenados. Muito disto foi corrupção de baixo nível e comércio de favores mas, subjacente a tudo isso, estavam as constantes interferências das famílias mais ricas de Atenas, mais proeminentes e, muitas vezes, concorrentes no edifício da regra popular. Há até mesmo um argumento para dizer que Cleisthenes introduziu a democracia, em parte, para proteger a própria influência de sua família oligárquica, os Alcmaeonidae, contra um poderoso clã rival, os Peisistratids. De 546 a 510 a.C., a família Peisistratids governou Atenas como tirana e tinha exilado os parentes da cidade de Cleisthenes, os Alcmaeonidae. Depois de ajudar a expulsar os Peisistratids, em 510 a.C., Cleisthenes viu que a continuação do ciclo de governo por uma família após a outra era improdutiva e que uma nova abordagem ao governo era necessária. Nesse sentido, poderia ser dito que, enquanto a democracia nasceu com boas intenções, as motivações por trás disso eram o interesse próprio tanto quanto pragmático. É um dos grandes "e se" da história para refletir: será que a democracia teria sequer sido inventada se os Peisistratids e os Alcmaeonidae tivessem se acertado?

Esta tensão entre a intenção democrática e a motivação oligárquica foi montada após a explosão, em 431 a.C., da Guerra do Peloponeso, o conflito de longa data de Atenas com seu principal rival regional, Esparta, uma cidade-estado autoritária e militarista muito admirada por parte de um elenco de pensamento oligárquico. Como a guerra progrediu, com vitórias periódicas e derrotas de ambos os lados, o estado profundo oligárquico de Atenas iniciou o processo de minar a democracia de seu estado de origem de uma vez por todas. Eles foram galvanizados por obras de propaganda, tais como um panfleto de grande circulação chamado *A Constituição Ateniense*. Seu autor anônimo foi creditado como o Velho Oligarca, e a peça serviu como um chamado para os "melhores e mais qualificados" imporem suas regras sobre as " pessoas vulgares".

O fim de uma era

A guerra chegou ao seu auge em 411 a.C., quando Atenas sofreu uma derrota devastadora e financeiramente catastrófica por Esparta na Sicília. Quando uma onda de agitação popular eclodiu em Atenas, os oligarcas incentivaram e financiaram ataques a edifícios públicos e, até mesmo, a funcionários públicos. Um grupo de aristocratas, liderado pelo estadista Antiphon e o general ateniense malfeitor Alcibiades (um Alcmaeonidae, não menos, que havia sido exilado da cidade e havia desertado para Esparta), tomou o poder e instalou um governo de oligarcas proeminentes conhecidos como os Quatrocentos.

Em um ano, o golpe havia sido anulado, mas os danos à democracia de Atenas tinham sido feitos. A guerra com Esparta coxeou por vários anos mais, porém, quando finalmente terminou, em 404 a.C., com a derrota total de Atenas, uma ditadura espartana imposta pela Tirania dos Trinta assumiu o controle. A democracia foi restaurada uma vez mais em 403 a.C., mas foi encerrada definitivamente quando Philip da Macedônia conquistou a Grécia, em 338 a.C.

Felizmente, a democracia não desapareceu com a cidade-estado ateniense. Ela sobreviveu, cresceu e evoluiu na Europa e, depois, ao redor do mundo, mas também o vírus do estado profundo que acompanha a própria política corporal e que permanece, até hoje, adormecido em muitos casos, mas muito ativo em outros.

ROMA REPUBLICANA E IMPERIAL

A história romana antiga divide-se em duas épocas: a república, que tradicionalmente começou em 509 a.C., e o império, iniciado pela regra de Augusto, a partir de 27 a.C. Em termos de estado profundo, isto se traduz em uma rede secreta oligárquica que interfere no período republicano, exemplificada no destino dos irmãos reformadores Gracchi, enquanto na época Imperial é representada pela influência rasteira de um governo-sombra militar que acaba cansado de agir nos bastidores e toma o poder por si mesmo.

Derrotando os Gracchi

Diz a lenda que Roma foi fundada em 753 a.C., em 21 de abril, para ser exato, pelos irmãos Romulus e Remus. Tornou-se uma república em 509 a.C., quando o último rei foi expulso da cidade e, a partir daquele tempo, os romanos eram ferozmente protetores de seu governo livre de royalties. Mas, como em Atenas Antiga, a forma de governo pela qual os romanos optaram foi uma forma dominada pela oligarquia, as antigas e aristocráticas famílias da classe patrícia em oposição à classe plebeia de plebeus. Os patrícios viram eles mesmos como descendentes dos primeiros 100 homens escolhidos por Romulus como os senadores originais de Roma. Além de deter o poder político no Senado, o parlamento de Roma, os patrícios também dominavam a vida econômica por meio de suas propriedades vastas e extremamente lucrativas, as fazendas e plantações. Se algo estava provocando a raiva da aristocracia latifundiária de Roma, era a sugestão de que eles redistribuíssem algumas de suas propriedades entre seus compatriotas.

Foi exatamente isso que o tribuno Tiberius Gracchus fez em 134 a.C. Como Clestenes em Atenas, ele era um aristocrata de família rica. Ele foi também uma das principais luzes da facção reformista *Populares* no Senado. Os *Populares* estavam preocupados com o crescimento social e as desigualdades em Roma, com os patrícios, representados no Senado pelos *Optimates*, acumulando cada vez mais riqueza, dando despesas para seus compatriotas plebeus de natalidade mais humilde. As propostas de reforma agrária de Tiberius Gracchus envolviam os aristocráticos escudeiros de Roma, entregando grandes extensões de suas propriedades ao campesinato. O efeito era inflamar o ressentimento latente de uma aristocracia que não desejava compartilhar nada - terra, riqueza, poder político - com uma população que eles desprezavam como uma massa malcriada.

Os paralelos da experiência de Atenas com a democracia eram impressionantes. Em ambos os casos, uma oligarquia progressiva teve a visão de que as mudanças sociais e econômicas estavam fazendo suas formas de governo insustentáveis, mas onde Cleisthenes foi bem sucedido, Tiberius Gracchus falhou. Cleitenes convenceu o suficiente de seus companheiros oligarcas de que era do interesse deles seguir seu exemplo; Tiberius Gracchus, por outro lado, era mais conflituoso. Ele cortejou o apoio popular entre os plebeus contra seus companheiros oligarcas, e a

Tiberius e Gaius Gracchus, irmãos e políticos populistas que se tornaram culpados do estado profundo oligárquico de Roma.

retórica ardente que empregou no Fórum deu ao *Optimates* a desculpa de que precisavam para derrubá-lo. Sob o pretexto de salvar Roma de um tirano em ascensão, em 133 a.C., aristocratas de Roma, senadores e uma multidão de lutadores contratados confrontaram Tiberius Gracchus, e a luta que se seguiu o levou à morte junto com 300 de seus seguidores.

No rescaldo deste massacre, o Senado realmente passou as reformas de Tiberius Gracchus - a opinião pública tinha ido longe demais no assunto para ignorá-lo – mas, a implementação do ato foi lenta e fortemente comprometida. No final, as propostas radicais de Tiberius Gracchus sofreram a morte por mil cortes.

Dez anos mais tarde, este cenário se repetiu quando o irmão de Tiberius Gracchus, Gaius, também da tribuna, tentou forçar o Estado a subsidiar os preços dos grãos em Roma para torná-los acessíveis aos cidadãos comuns. Os grandes proprietários de terras e o estado profundo do agronegócio da república desdenharam desta política. Na violência inevitável que se seguiu, Gaius Gracchus tirou sua própria vida quando encurralado por uma gangue enviada pelos oligarcas para assassiná-lo.

O império contra-ataca

O que aconteceu com os Gracchi foi sintomático do estado da política romana nos anos murchos da república. Em pouco tempo, o Senado dominado pelos oligarcas se tornaria pouco mais do que uma vitrine com homens fortes militarmente emergindo e que favorecia uma abordagem mais direta para o exercício do poder.

Todos os escritórios de estado continuaram como antes - os senadores foram nomeados, cônsules, tribunas e questores eleitos – mas, cada vez mais, eles se tornaram procuradores de generais desonestos, empurrando suas agendas pessoais. Estas incluíam Pompeu, o Grande, e Júlio César, cuja amarga luta pelo poder ajudou a apressar o fim da república e abrir caminho para a era dos imperadores que seguiria. Ambos os homens priorizaram o sucesso militar sobre a política, de modo que Roma fez a transição de uma república para um império, transformando-se de uma cabala oligárquica em uma junta militar.

Augusto, o primeiro imperador, havia chegado ao poder em 27 a.C., nas costas do sucesso militar. Isto, a expansão imperial e o influxo de riqueza que se acumulou durante seus 40 anos de reinado tornaram sua posição inatacável. Os que o seguiram não foram tão afortunados. O sucessor de Augusto, Tibério, um desiludido e velho dissoluto ao final de seu reinado de 22 anos, em 37 d.C., foi supostamente ajudado em seu caminho para a vida futura após a morte do comandante da Guarda Pretoriana, Naevius Sutorius Macro. A Guarda Pretoriana tinha sido estabelecida por Augusto como responsável pela segurança pessoal do imperador. Dada sua proximidade com o poder máximo, ela rapidamente se tornou um construtor do estado profundo, removendo e instalando imperadores à vontade. Organizou o assassinato do sucessor de Tiberius, Calígula, em 41 d.C., por exemplo, e assassinou 13 imperadores romanos ao longo de sua história. Ao final do infeliz reinado de Nero, em 68 d.C., o estado profundo militar de Roma abandonou toda a pretensão de imparcialidade e foi para a guerra consigo mesmo. O ano 69 d.C. não viu menos de quatro imperadores, todos eles generais militares. O último destes foi Vespasiano, comandante das legiões orientais de Roma, que restabeleceu a paz e a segurança.

Nos próximos 400 anos, até a queda final de Roma, em 476, a maioria dos governantes do império foi tirada dos militares – mas não todos eles. Quando o imperador Commodus (r. 77-92 d.C.) ficou violentamente perturbado no final de seu reinado, ele foi estrangulado em seu banho e substituído pelo soldado-político Pertinax. Seu reinado de dois meses como imperador terminou quando ele tentou introduzir uma legislação limitando o poder da Guarda Pretoriana. Ela reagiu mandando assassiná--lo e vendendo o império ao proponente que fizesse a maior oferta. O vencedor, Didius Julianus, foi imperador por 65 dias, antes que ele também fosse assassinado em favor de outro líder militar, Septimius Severus.

Durante a chamada "Crise Imperial" de 235-284 d.C., um período de intensa instabilidade política, começando com a regra de Maximinus Thrax, houve 27 governantes diferentes em 49 anos. Eles eram conhecidos como os "Imperadores da Caserna", pois a maioria foi tirada das legiões romanas. De um papel de apoio no início do império, sendo as

Septimius Severus, (r. 193-211 d.C.), um dos líderes militares transformado em imperador mais duradouro de Roma.

ferramentas de estadistas ambiciosos, como Pompeu, César e Augusto, o exército de Roma rapidamente se tornou, no início, o poder por trás do trono e, depois, o poder no trono - um estado profundo não mais longo, mas o próprio Estado.

É irônico, talvez, que as instituições do estado profundo militar subvertido com tanto sucesso e por tanto tempo ultrapassassem os homens que as corromperam. Quando Roma caiu, em 476 d.C., seus exércitos tinham sido dizimados por sucessivas ondas de invasores bárbaros. Mas o Senado permaneceu e resistiu até pelo menos 603 d.C., quando a última menção foi registrada.

JAPÃO IMPERIAL

Para um país onde o respeito pela autoridade está embutido na cultura, o Japão tem uma história surpreendentemente longa de estado profundo de dissidência - emanando, o que é ainda mais surpreendente, das forças armadas. Ela nos leva de volta a 1853, quando uma frota armada americana chegou à Baía de Tóquio e forçou o país, até então fechado, a abrir-se para o mercado comercial internacional. Os EUA e o Reino Unido, em particular, já haviam começado a explorar as riquezas da China, e as do Japão eram as próximas em sua lista. Esta "invasão" irritou muito os japoneses, particularmente uma classe de jovens homens patriotas que se autodenominam os *shishi* ("guerreiros de alta aspiração"). Durante as décadas de 1860 e 1870, eles realizaram uma campanha de assassinato e terrorismo destinada a expulsar os ocidentais e derrubar o governo fraco e desonroso. Em pouco tempo, o sentimento *shishi* começou a infiltrar-se nas forças armadas do Japão e isto, junto com uma mudança na organização militar do país, levou à criação de um estado profundo debilitante.

Manobras militares

O Japão, relutantemente, comprometeu-se mais com o mundo após a ação da política da canhoneira dos Estados Unidos, em 1853, enviando agentes comerciais para os EUA, por exemplo, e missões diplomáticas na Inglaterra. Fatidicamente, o Japão também enviou observadores do exército para a Prússia, o proeminente poder militar na Europa. O resultado foi que, em 1878, as forças armadas do Japão tinham sido reorganizadas inteiramente de acordo com as linhas prussianas. Isto incluía a criação de uma equipe geral ao estilo prussiano e, o que é importante, abraçando o conceito prussiano de *Kommandogewalt* ('prerrogativa de comando supremo'). Isto colocou as forças armadas sob o comando direto e controle do imperador, e não do parlamento. Como o imperador do Japão era apenas uma pessoa figurativa, a 'prerrogativa suprema', como veio a ser conhecida, transformou as forças armadas em um poder autônomo de fato, que foi permeado por ultranacionalismo, xenofobia (influenciado pelos *shishi*) e sentimentos antigovernamentais.

Para tornar a posição dos militares ainda mais forte, havia uma peculiaridade no Japão, já que a constituição afirmava que o primeiro-ministro deveria demitir-se se não conseguisse preencher todos os seus postos de gabinete. A constituição também decretou que os cargos de gabinete dos ministros do exército e da marinha tinham de ser ocupados por oficiais militares em serviço. Isto significava que as forças militares poderiam derrubar o governo a qualquer momento, simplesmente ordenando que o exército ou ministro da marinha se demitisse. Isto deu aos militares uma espada de Dâmocles, que eles balançaram alegremente sobre os sucessivos primeiros-ministros.

O primeiro teste de robustez da prerrogativa suprema veio em 1895, quando o Exército Imperial encenou um golpe de Estado na Coreia, sem a autorização ou mesmo o conhecimento do governo do Japão. Foi uma operação particularmente bárbara, durante a qual a rainha da Coreia foi saqueada e morta. Quando o comandante do golpe, o Tenente General Miura Gorō, retornou ao Japão para ser julgado por assassinato, o poder judiciário seguiu devidamente a sugestão do Pessoal Geral de ir com calma com o oficial 'excessivamente zeloso'. Surpreendentemente, o caso foi encerrado por falta de provas - mesmo que o Rei da Coreia tivesse visto Gorō liderar o assalto.

As 'operações negras' como as de Gorō se tornaram uma característica da política japonesa nos 50 anos seguintes e revelaram uma linha falha no estado profundo militar do país. Todos, de ambos os lados da linha, queriam a mesma coisa, ou seja, a criação de um império japonês do Pacífico militarizado, mas diferiram em como chegar lá. Radicais

Miura Gorō não apenas escapou da punição de sua tentativa de golpe na Coreia, como também foi aclamado como um herói pelos nacionalistas japoneses.

como Gorō queriam tomar o poder e embarcar em sua missão imperial imediatamente. Os conservadores, representados pelo Estado-Maior, preferiram trabalhar nos bastidores, construindo um ataque estratégico preventivo contra seu maior rival regional, os EUA. Somente então, eles tomariam o poder e conquistariam o Pacífico. Grande parte das décadas de 1920 e 1930 foi consumida pelo estado profundo de luta entre essas facções. Em última análise, os conservadores foram triunfantes, pelo menos no Japão; na China foi outra história.

Ambições imperialistas

A Manchúria, no leste da China, é rica em carvão e minerais, e é por isso que, em 1905, o Japão derrotou a Rússia em uma guerra pelo controle da própria China, que era muito fraca, na época, para resistir às incursões estrangeiras na região. A força responsável por esta vitória era conhecida como o exército Kwantung e, a partir de sua base de energia manchuriana, desenvolveu em um estado dentro de outro estado, agindo com total independência não apenas do governo japonês, mas do Estado-Maior, também. Em 1928 e 1931, lançou ataques não sancionados contra a China e se tornou o braço mais expansionista e nacionalista do Japão militar. O Exército Kwantung também foi ao campo de treinamento com os comandantes mais implacáveis do Japão durante a Segunda Guerra Mundial, notadamente Hideki Tōjō e Seishirō Itagaki, ambos a serem executados por crimes de guerra em 1948.

O Estado-Maior do Japão teve mais sucesso lidando com militares freelancers mais perto de casa, sufocando dois golpes da radical *Cherry Blossom Society*, em 1931. Para mostrar ao governo quem empunhava verdadeiro poder, o Estado-Maior levou os golpistas para uma corte marcial militar em vez de um tribunal civil, condenando-os a apenas 20 dias de prisão domiciliar pelo que foi, essencialmente, um ato de traição. A seguir, em outra tentativa de golpe, em 1936, desta vez, por parte do exército *Imperial Way Faction*, o Estado-Maior decidiu limpar a casa. A economia do mundo estava em recessão, o fascismo estava se espalhando na Europa e a guerra estava no ar. O estado profundo do

Japão sabia que seu tempo estava chegando e precisava estar pronto. Ele purgava a *Imperial Way* e outros radicais de suas fileiras e, depois, voltou sua atenção para o parlamento.

Em 1937, as forças armadas apoiaram a nomeação do popular, mas ineficaz Fumimaro Konoe, como primeiro-ministro do Japão. Isto deu rédea solta ao Estado-Maior. Pouco mais de um mês depois que Konoe tomou posse, o exército embarcou em um ataque maciço à China e, em seguida, finalizou os preparativos para a guerra total no Pacífico. Quando o Japão lançou seu ataque surpresa contra a base naval americana em Pearl Harbour, em 7 de dezembro de 1941, os militares tinham virtualmente tomado posse do governo.

Mas, o império do Japão nunca se materializou. Ao obter o controle do estado, os militares se sobrepujaram. Seu fanatismo imperialista levou à derrota total do Japão em 1945, à dissolução de suas forças armadas e aos horrores de Hiroshima e Nagasaki.

O FALECIDO IMPÉRIO OTOMANO

A Turquia é, literalmente, a pátria do estado profundo. O termo é uma tradução da frase turca *derin devlet* e foi usado pela primeira vez nos anos 90 para descrever manobras políticas desleais entre funcionários públicos, oficiais do exército e do crime organizado. Mas o estado profundo da Turquia se estende mais para trás, até meados do século XIX, quando o país era a base do Império Otomano, um poder imperial em declínio. Neste caso, o estado profundo era menos uma força maligna do que um movimento que visava a renovação nacional - o que acabou por acontecer, mas não como o estado profundo dos líderes pretendia.

A Ascensão dos Jovens Otomanos

Na década de 1860, o Império Otomano já tinha mais de 500 anos e sentia sua idade. Potências imperiais rivais, como a Grã-Bretanha, a França e a Rússia, estavam de olho em territórios de origem otomana, como o Egito, o Norte da África e o Mar Negro, enquanto grupos nacionalistas no império estavam agitando pela independência nos Bálcãs e no Oriente Médio.

De volta ao coração do império da Turquia, em 1865, um grupo de seis funcionários públicos interessados se reuniu para um piquenique em Constantinopla, na Floresta de Belgrado. Ao final da refeição ao ar livre, eles tinham formado o que ficou conhecido como a Aliança Patriótica e tinham decidido levar ao declínio o Império Otomano. Eles também juraram reconstruir sua sociedade ao longo de um caminho mais liberal, mas também nas crenças islâmicas. Eventualmente, estes objetivos difíceis de serem alcançados rasgariam o grupo em partes, mas, na época, eles eram um ponto de encontro para os sujeitos descontentes que viviam sob o governo autocrático do Sultão Abdülaziz.

À medida que a Aliança Patriótica foi crescendo, seu nome mudou para Jovens Otomanos, um apelido que melhor refletia a juventude de seus membros entusiasmados e a lealdade imperial. Desde cedo, o grupo atraiu um simpatizante influente e bem colocado: Príncipe Murad, sobrinho de Abdülazize e um futuro sultão. Por intermédio dele, os Jovens Otomanos tinham um operativo colocado dentro da corte do sultão. Eles estavam, agora, oficialmente em um estado profundo.

Namik Kemal era um dos seis do piquenique da Floresta de Belgrado. Ele era dono do jornal *Tasvir-i efkâr* ("Imagem de Ideias") e o usou para avançar uma agenda pró-reforma. O jornal de Kemal não era fechado pelo governo, o que provocou uma série de mais periódicos radicais surgindo, incluindo *Ulum* ("Ciência"), *Inkilab* ("Revolução") e *Ibret* ("Lição"). Mas, em 1867, os Jovens Otomanos levaram a sorte longe demais quando publicaram uma carta aberta no *Tasvir-i efkâr*, exigindo a democracia parlamentar. A repressão governamental resultou na fuga da maioria dos Jovens Otomanos para Paris, onde se reagruparam em torno de Mustafa Fazil Pasha, um exilado dissidente egípcio. Um rico herdeiro da antiga família real egípcia, Pasha ajudou a financiar um novo jornal radical chamado *Hürriyet* ("Liberdade"). O estado profundo estava em baixa, mas não fora.

A guerra de atrito dos Jovens Otomanos foi recompensada em 1871, quando Mustafa Fazil Pasha foi chamado a Constantinopla e nomeado Ministro da Justiça. Os Jovens Otomanos, agora, tinham um príncipe dentro do palácio imperial e um patrono no Ministério da Justiça. Este deveria ser seu momento, mas com a perspectiva de poder real e a influência chegando tentadoramente, os Jovens Otomanos começaram a cair. Alguns favoreciam a construção sobre os avanços políticos que tinham e outros acharam que era hora de tomar o poder; uma facção queria impor um estado islâmico, enquanto outra só aceitaria uma república secular.

Os Jovens Otomanos levaram cinco anos para resolver suas diferenças. Enquanto isso, um crash na bolsa de valores seguido por aumentos de impostos impopulares tinha enfraquecido o Sultão Abdülaziz, assim como as revoltas nacionalistas nos Bálcãs e na Bulgária. Em maio de 1876, os Jovens Otomanos se juntaram a um golpe de Estado liderado por Midhat Pasha, o político mais reformador do país. Abdülaziz foi deposto e substituído pelo Jovem Otomano Príncipe Murad. Namik Kemal foi nomeado secretário do palácio, assim como Ziya Pasha, uma das forças motrizes por trás do *Hürriyet*. O estado profundo havia triunfado.

De Jovens Otomanos a Jovens Turcos

Mas os Jovens Otomanos não tiveram sorte. Seis dias depois de ser deposto, Abdülaziz foi encontrado morto em misteriosas circunstâncias. Embora o suicídio tenha sido o veredicto oficial, muitos turcos pensavam que tinha sido assassinado por seus usurpadores. Isto danificou a credibilidade do novo regime menos de uma semana após seu início. Pior ainda, Murad, um alcoólatra mentalmente instável, teve que ser removido do poder apenas três meses depois de seu reinado. Seu substituto foi o mais autoritário Abdül Hamid II. No início de 1878, Abdül Hamid tinha recuperado o poder político do parlamento e rescindido a constituição liberal que os golpistas haviam instigado.

No entanto, onde os Jovens Otomanos falharam, os chamados Jovens Turcos, de uma geração mais tarde, tiveram sucesso. Suas carreiras se espelharam quase exatamente na de seus predecessores dos Jovens Otomanos. No começo, eles foram igualmente exilados em Paris, no caso dos "Jovens Turcos", após uma trama fracassada de 1889 para remover o conservador e inflexível Abdül Hamid II. Também, como os Jovens Otomanos, eles foram divididos ideologicamente entre o nacionalista Comitê de União e Progresso (CUP), que favorecia um governo centralizado, e a Liga de Iniciativa Privada e Descentralização (LPID), que era mais direcionada federalmente. Também como os Jovens Otomanos, os Jovens Turcos travaram uma guerra de propaganda contra Abdül Hamid II por meio de jornais como *Meşveret* ("Consulta"). Em uma análise final, no entanto, os Jovens Turcos tiveram sucesso onde os Jovens Otomanos fracassaram por causa de seu apoio no exército.

Na primeira década dos anos 1900, as pressões externas foram ameaçando o Império Otomano como nunca e, com os movimentos de independentes no Oriente Médio e sudeste da Europa reunidos, a perspectiva de uma guerra mundial se aproximava cada vez mais. Sob pressão do exército, Abdül Hamid II foi forçado a restabelecer a constituição que ele havia

Litografia celebrando a revolução dos Jovens Turcos de 1908. O anjo segura um estandarte com as palavras "liberdade, igualdade, fraternidade".

revogado em 1878, efetivamente entregando o poder à facção da CUP, dos Jovens Turcos, em 1908. Após uma tentativa fracassada contra o golpe em 1909, Abdül Hamid II foi deposto em favor de seu irmão mais amável, Mehmed. A chamada Revolução dos Jovens Turcos estava completa.

Desastrosamente, o Império Otomano dos Jovens Turcos ficou do lado de Alemanha na Primeira Guerra Mundial. No final do conflito, em 1918, vastos pedaços do império foram acantonados, Constantinopla foi ocupada pelas tropas estrangeiras e o regime dos Jovens Turcos estava em desordem. Isto abriu o caminho para o herói mais autoritário da Primeira Guerra Mundial. Mustafa Kemal, em 1923. Renomeado Atatürk ('pai dos Turcos') por seus partidários, ele dissolveu o Império Otomano, declarou a Turquia uma república e nomeou-se presidente, uma posição que manteve sem oposição até sua morte, em 1938.

A política e a cultura da nação que Atatürk criou estão ainda hoje em vigor, com sua tradição de governo autoritário e um secularismo desconfortável em uma região predominantemente islâmica. Enquanto o estado profundo ajudou a acabar com o Império Otomano, não sobreviveu a ele por muito tempo - pelo menos, não em sua forma liberal. Hoje, a Turquia moderna tem um tipo diferente de estado profundo, operando dentro de suas fronteiras, o que veremos no capítulo 3.

O ESTADO PROFUNDO CATÓLICO DA ALEMANHA

Em 1862, o grande estadista Otto von Bismarck foi nomeado primeiro-ministro da Prússia e chegou ao cargo com um plano: a unificação de todos os estados de língua alemã em uma única nação. Isto, naturalmente, irritou a França, enervada com a ideia de um superestado alemão à sua porta e, em 19 de julho de 1870, o Imperador Napoleão III, da França, declarou guerra à Prússia, esperando uma rápida e decisiva vitória. Suas expectativas foram mais do que cumpridas – pela Prússia. Quando o exército francês foi derrotado de forma abrangente na Batalha de Sedan, em setembro de 1870, a estrada estava aberta para Bismarck promulgar seu projeto político e, em janeiro de 1871, um projeto controlado pela Prússia, o Império Alemão foi declarado no Salão dos Espelhos, em Versalhes.

Otto von Bismarck, mestre da unificação alemã e chanceler do país de 1871 a 1890.

Como chanceler da nova nação, um cargo que ocupou até 1890, Bismarck tornou-se o político mais poderoso da Europa. Tendo criado a Alemanha, ele teve que uni-la. Para fazer isso, ele precisava identificar um inimigo interno e dirigir os sentimentos de seus companheiros alemães contra ele - e o encontrou na forma da Igreja Católica. A guerra que Bismarck travou contra o catolicismo oferece uma visão interessante de como estados profundos podem ser uma queda convenientemente cara quando os governos têm uma agenda para se agarrar.

Forjando uma nova nação

Em 1866, a Prússia protestante havia entrado em guerra contra os católicos da Áustria em uma luta de poder regional que viu outros estados germânicos católicos, como a Baviera, como seus correligionários. Como esses estados católicos agora faziam parte do império alemão unificado, tinha sido criada uma tensão que precisava ser enfrentada. Além disso, muitos dos católicos alemães não eram necessariamente alemães. Parte de seu acordo de paz com a França, de 1871, envolveu a Alemanha na aquisição da região leste da França da Alsácia-Lorena. Enquanto esta era uma área rica em jazidas de minério de ferro, também desembarcaram na Alemanha 1,2 milhões de católicos francófonos. A Alemanha Oriental, enquanto isso, continha cerca de 3 milhões de poloneses católicos. Depois da unificação alemã, cerca de 36% da população era católica, totalizando 15 milhões de almas.

O plano de Bismarck era moldar a Alemanha na imagem da Prússia protestante, o que significava ir de cabeça em cabeça com a Igreja Católica. Felizmente, justamente quando Bismarck precisou de um *casus belli*, ele percebeu que o Papa Pio IX, em Roma, já lhe havia entregado um quando introduziu a doutrina da Infalibilidade Papal, em 1870. Este decreto efetivamente disse aos católicos, em todos os lugares, que agora serviam a dois mestres - seu chefe de estado e o chefe de sua igreja. Isto permitiu que Bismarck lançasse o que ficou conhecido como o *Kulturkampf* ("luta cultural") contra os interesses particulares da Igreja Católica, e construísse uma nova nação, na qual o governo de estilo prussiano era a autoridade suprema e única.

A fim de aprovar a legislação necessária para isso, o arque conservador Bismarck segurou seu nariz e fez uma aliança com o Partido Liberal Alemão. Este foi um golpe de mestre. Bismarck sabia que os liberais seculares apoiariam de bom grado sua campanha anticatólica e, depois, suportariam o peso de qualquer reação conservadora. O principal escudo humano do chanceler durante este processo foi Adalbert Falk, do Partido Liberal, o ferozmente anticlerical ministro da religião, educação e saúde e o homem que supervisionou a aprovação das 22 novas leis do *Kulturkampf*.

O processo começou no verão de 1871, quando a responsabilidade pelas relações Igreja-Estado foi tirada dos administradores católicos e entregues aos burocratas protestantes. Em seguida, a legislação anticatólica entrou em vigor onda após onda. O *Kanzelparagraph* (a Lei do Púlpito), de novembro de 1871, fez críticas ao governo pelos cleros católico e protestante, uma ofensa criminosa. Isto era um sinal de que a *Kulturkampf* estava sendo usada, agora, contra todas as denominações cristãs nas quais os interesses religiosos estivessem em conflito com os do Estado. No início de 1872, as escolas religiosas do país foram colocadas sob o controle do governo. Os jesuítas foram expulsos do Império Alemão em julho de 1872, e as relações diplomáticas foram rompidas com o Vaticano no final do ano. Na primavera de 1873, foram introduzidas as Leis de Maio, uma série de medidas que sujeitavam o que restava da Igreja Católica na Alemanha (e todos os outros grupos religiosos) para completar o controle do estado. O golpe de misericórdia veio em 1875, com o falecimento da chamada Lei do Cesto do Pão. Esta medida drástica dissolveu todas as encomendas na Alemanha, exceto as que se dedicavam ativamente aos cuidados de doentes. Todos os bens da igreja foram confiscados e os serviços de casamentos religiosos foram proibidos.

Como a raiva católica se sobrepunha ao tratamento severo, foi unida pela agitação protestante. Quando Bismarck começou a receber queixas de proeminentes protestantes sobre o excesso de entusiasmo dos processos liberais contra a *Kulturkampf*, ele decidiu derrubar tudo.

Missão cumprida

Bismarck foi muito ajudado em suas manobras táticas pelo poder crescente do Partido de Centro, que tinha sido criado em 1870 para proteger os interesses católicos. Nas eleições estaduais de 1873, o Partido de Centro quase dobrou sua representação no *Reichstag* de 50 para 90 assentos, e seu apoio cresceu ano após ano. Bismarck, um dos políticos mais astuciosos de todos os tempos, interpretou corretamente isto como um desenvolvimento positivo. Foi um sinal de que o ativismo católico estava se afastando das igrejas, dos mosteiros e das escolas religiosas no parlamento, onde poderia ser mais bem monitorado e controlado. Isso também significava que, uma vez que as cercas pudessem ser consertadas, Bismarck poderia aliar-se com o Partido de Centro e outras forças conservadoras contra seus antigos aliados, os liberais. Com seus objetivos políticos alcançados, Bismarck começou a reverter grande parte de seus objetivos da legislação anticatólica pouco a pouco e, em 1882, os laços diplomáticos com o Vaticano haviam sido restaurados.

Enquanto isso, a Alemanha havia sido "limpa" da mão de ferro de choque do catolicismo: em 1878, mais de um quarto das igrejas paroquiais católicas do país estavam vazias, 1.800 padres tinham sido presos ou exilados por não cumprirem com o *Kulturkampf*, e quase metade de todos os monges e freiras haviam deixado a legislação, e o país. Milhares de leigos também haviam sido presos por ajudar a Igreja Católica a evitar o cumprimento das novas leis.

Na verdade, o estado profundo católico da Alemanha sempre foi mais imaginado do que real. Embora os católicos, certamente, tivessem o potencial para minar o novo Império Alemão, eles nunca tinham mostrado nenhuma inclinação para fazer isso. Foi o cálculo político inteligente de Bismarck que a Igreja Católica poderia ser o alvo para impulsionar seus, enquanto ele encorajava os seus aderentes politicamente poderosos e agradavelmente conservadores a tornar-se parte do estado alemão, ao invés de fazer parte dele.

A TERCEIRA REPÚBLICA DA FRANÇA

A França vivia um período tumultuado após sua derrota na Guerra Franco-Prussiana de 1870-71. O último tiro em fúria mal tinha sido disparado quando os cidadãos da capital se levantaram em uma revolta socialista radical conhecida como a Comuna de Paris. Embora a Comuna tenha durado apenas dois meses, sua repressão sangrenta deixou uma mancha indelével na nova Terceira República, que sempre foi conhecida como "La Gueuse" ("A Prostituta") por seus inimigos.

Ao mesmo tempo, elementos da direita na França estavam inseguros com o que o futuro os reservava, com realistas e bonapartistas agitando uma restauração da monarquia ou de um novo Napoleão. O descontentamento subjacente à esquerda e à direita era o ressentimento pela perda chocante da França para a Prússia. Isto levou a um movimento conhecido como *revanchism* ("revanchismo"), cujo objetivo era retomar a Prússia em guerra para recuperar tanto o território quanto o orgulho nacional que a França havia perdido.

Embora parecesse que estes diversos interesses nunca poderiam ser reconciliados, no final da década de 1880, apareceu um homem que se pensava que sabia como alcançá-lo - e alguém que os realistas viam como um cavalo troiano, que poderiam usar para enganar seu caminho para o poder.

Le Général Revanche

Georges Boulanger era um general que tinha lutado na Guerra Franco-Prussiana. Quando ele entrou na política, no início da década de 1880, era um homem da esquerda. Ele serviu como ministro da guerra em 1886, mas na primavera do ano seguinte havia se mudado significativamente para a direita, pregando uma marca de política populista militarista que encantou a classe trabalhadora e lhe rendeu o apelido "Le Général Revanche". O nacionalismo apaixonado de Boulanger também lhe valeu o saque do governo, em maio de 1887, após ele ter criado seu próprio movimento político, conhecido como Boulangismo.

Os elementos monarquistas do país olharam com interesse para Boulanger, abrindo caminho por meio da política francesa. Louis Phi-

O homem que seria rei: Georges Boulanger.

lippe, último rei da França, tinha sido deposto em 1848 e, desde então, os realistas do país haviam ansiado por uma restauração. Na década de 1880, isto significava colocar o neto de Louis Philippe, Philippe, Conde de Paris, no trono. Desde o início da Terceira República, em 1871, conservadores e realistas tinham sido sistematicamente espremidos de posições legislativas e cívicas. Com seus caminhos tradicionais tolhidos de poder, o estado realista profundo sabia que a única maneira de chamar de volta o Conde de Paris, exilado na Inglaterra, seria utilizando Boulanger como um representante.

Como boa sorte, os realistas sabiam exatamente como se envolver seu homem. O novo movimento de Boulanger precisava de financiamento. No início de 1887, o amigo e confidente de Boulanger, o Conde Arthur Dillon, foi secretamente abordado pelo Marquês Ludovic de Beauvoir, o secretário pessoal do Conde de Paris, para ver se o general estava preparado para fazer um acordo em troca de um financiamento real para sua campanha. A resposta foi um sim categórico. O acordo que Dillon e de Beauvoir acertaram foi para que Boulanger construísse seu movimento, vencesse a presidência e, uma vez no cargo, anunciasse o fim da república e a restauração da monarquia. Em troca da encenação deste golpe de Estado, o substituído Boulanger seria nomeado para um cargo superior no exército francês. Embora este tenha sido o menor sócio da conspiração, Boulanger ficou satisfeito com o acordo. Por todo o seu carisma e retórica agradável à multidão, Boulanger era um indeciso, ambivalente figura que ansiava e temia o poder, um traço de caráter que provaria ser sua ruína.

Com o negócio fechado, os ricos simpatizantes realistas estavam clandestinamente introduzidos na trama. Um dos doadores mais entusiasmados foi a Duquesa d'Uzès. Como herdeira da fortuna do champagne Veuve Cliquot, ela poderia facilmente pagar os três milhões de francos que doou para a causa boulangista. Isto foi mais do que igualado pelo Barão Maurice de Hirsch, um financiador que colocou até cinco milhões de francos nos cofres boulangistas. O fato de que a trama realista pró-Boulanger poderia conter financiadores tão diversos quanto os profundamente conservadores e antissemitas, Duquesa d'Uzès e Hirsch, que eram ambos alemães e judeus, falavam muito sobre os estranhos apelos do general renegado.

Uma vez reunidos, todos os fundos foram tratados por um comitê sigiloso, liderado pelo Marquês de Beauvoir, que incluiu os conservadores notáveis como o magnata do jornal, Arthur Meyer, e os políticos católicos Albert de Mun e Jacques Piou. Enquanto o comitê doou dinheiro para Boulanger, também mostrou com clareza que a torneira poderia ser facilmente fechada se ele mostrasse sinais de quebra em seu acordo.

Com dinheiro realista ilícito no bolso de Boulanger e os jornais conservadores como o *Le Gaulois*, de Arthur Meyer, promovendo-o, os candidatos que o apoiaram venceram as eleições parciais ao longo de 1887 e 1888. Parecia que Le Général Revanche tinha um momento imparável e que era apenas uma questão de tempo antes de ganhar ou assumir o estado. Tudo articulado na eleição parisiense de janeiro de 1889, na qual Boulanger, ele mesmo, se apresentou como um candidato. A capital francesa era um baluarte de republicanismo de esquerda, a casa da Comuna. Até esse ponto, o Boulangismo tinha sido popular nas áreas do país tradicionalmente conservadoras, como o campo, e em cidades e vilarejos menores. Se Boulanger ganhasse em Paris, muitos supunham que a nação estaria conquistada.

O fim do Boulangismo

Quando Boulanger capturou devidamente o assento, com quase um quarto de um milhão de votos (seu rival mais próximo obteve 163.000 votos), a França susteve sua respiração. Mas, no momento crucial, a natureza de vacilação de Boulanger levou a melhor e ele não fez nada. Os realistas estavam justificadamente furiosos com Boulanger, mas também estavam furiosos com seus milhões de apoiadores. Quase da noite para o dia, o feitiço de Boulanger foi quebrado e o povo da França despertou. Quando a opinião pública se virou, o governo do primeiro-ministro Pierre Tirard atacou. Acusações de traição foram feitas contra o general que, em 1º de abril de 1889, fugiu para Bruxelas. Quando se realizou uma eleição geral naquele outono, os candidatos boulangistas confirmaram a morte do movimento ao ganhar apenas 12% do voto popular.

O boulangismo tinha acabado e os realistas embarcaram em uma operação de encobrimento. Em uma reunião sub-reptícia na casa da Duquesa d'Uzès, Jacques Piou lembrou seus conspiradores que seu apoio a Boulanger representou a "prova material de um entendimento cujo propósito não era uma aliança eleitoral, mas a derrubada do governo". Os papéis incriminatórios foram destruídos e os jornalistas que se aproximaram demais da história foram pagos. Quanto a Boulanger, nunca mais ficou estável. Em 30 de setembro de 1891, cometeu suicídio no túmulo de sua amante, Madame de Bonnemains, no Cemitério de Ixelles, em Bruxelas.

O estado profundo realista no caso Boulanger demonstrou as dificuldades de adaptação dos conservadores tradicionais a um mundo em mudança da política democrática, dos meios de comunicação de massa e do populismo desenfreado. Alguns observadores têm visto no boulangismo um protótipo do nazismo, com um líder carismático emergindo de uma nação dilacerada pela guerra e aproveitando o descontentamento popular. Os paralelos, certamente, se estendem a ambos os movimentos que, erroneamente, pensaram que poderia controlar "seu" homem. As consequências foram prejudiciais para os realistas sobre Boulanger, mas foram desastrosas no caso de Adolf Hitler, cerca de 40 anos mais tarde, cujo legado da ditadura continuou muito depois de seu suicídio, em 1945, e ainda reverbera.

CAPÍTULO 2

ESTADOS PROFUNDOS EUROPEUS

O GRANDE TEMA dos estados profundos da Europa é o papel da burocracia. Na França e no Reino Unido, as elites do funcionalismo público de antigas redes de privilégios sociais administram suas nações. Supostamente, é um sistema neutro e benevolente que está acima da política, mas não é assim inteiramente. Na França, as elites profundamente enraizadas se movem entre os mundos da burocracia e da política, desfocando as linhas entre as duas disciplinas, mantendo-as separadas, enquanto no Reino Unido, a relação entre os mandarins do Whitehall e seus políticos é, muitas vezes, adversa, especialmente quando inflamada por questões divisórias, como o Brexit. Em ambos os países, os estados profundos têm, geralmente, conseguido combinar seus objetivos gêmeos de administrar suas nações enquanto lutam contra qualquer movimento dos líderes políticos para introduzir reformas que ameaçam suas posições dominantes.

A Alemanha também tem seus próprios problemas de estado profundo de serviço público. Após a Segunda Guerra Mundial, ela encontrou seu sistema de justiça infiltrado por antigos nazistas com segredos que precisavam proteger, e isso se transformou em um serviço de inteligência, que em tempos recentes tem tido uma relação ambivalente com os nacionalistas extremistas e os neonazistas com suposto monitoramento. Enquanto isso, na Itália e na Rússia, as redes patrocinadas por criminosos, políticos corruptos e líderes empresariais desonestos trabalham juntas para roubar a riqueza de seus países com impunidade.

ITÁLIA

Havia estados profundos na Itália antes mesmo de existir a Itália, voltando até a Roma Antiga. Até os anos 90, essa tradição foi continuada em uma coalizão do crime organizado, maçons malfeitores, líderes empresariais corruptos e políticos comprometidos com a má gestão do país, até que a base do governo finalmente entrou em colapso.

O que emergiu dos destroços foi, em alguns aspectos, pior. Os velhos sistemas corruptos tinham desaparecido, mas, pelo menos, tinham sido sistemas. A política italiana de hoje é muito mais fluida e improvisada do que anteriormente. Os partidos autoritários e pós-fascistas estão em ascensão, e a confiança nos políticos está no mais baixo nível de todos os tempos. É uma situação em que os antigos estados profundos, e alguns novos, estão prontos para explorar.

O chefão dos chefes

Foi em reação ao totalitarismo fascista unipartidário que, no pós-guerra, a Itália adotou a representação proporcional para seu sistema eleitoral. No entanto, enquanto a política italiana após 1945 era notoriamente instável, com pouco menos de 70 governos em 75 anos até 2020, os democratas-cristãos e seu líder, Giulio Andreotti, ainda conseguiram dominar o país durante grande parte desse período, apoiados por vários interesses do estado profundo. O mais impiedoso deles foi o Cosa Nostra, da Sicília. Seu trato com os democratas-cristãos foi simples: em troca de ter carta branca para continuar suas atividades criminosas, os mafiosos de Palermo garantiram as maiorias democratas-cristãs saudáveis nos eleitores sicilianos, cortesia dos votos manipulados e dos votos forjados.

A partir do final dos anos 60, este arranjo foi facilitado por Salvatore Lima que, uma vez prefeito democrata-cristão de Palermo, atuou como o caixeiro-viajente de Giulio Andreotti, em Roma. Isto era uma posição de prestígio. Para seus amigos, Andreotti era 'Giulio, o Divino'; para seus muitos inimigos, era 'Belzebu', 'O Papa Negro' e "O Corcunda" (por causa de sua postura inclinada). Em seus 50 anos de carreira, este Machiavelli dos tempos modernos coordenou todos os principais escritórios da política italiana e foi primeiro-ministro nada menos que sete vezes.

Seus votos comprados na Sicília desempenharam um papel importante na manutenção dos democratas-cristãos como o maior partido da Itália, então, foi um desastre para Andreotti quando, no início dos anos

Giulio Andreotti, o "Papa Negro" da Itália, vota em uma eleição de 1953.

80, seus parceiros da máfia "moderada" de Palermo foram dizimados em uma guerra de gangues por um clã rival da cidade de Corleone, liderado por Salvatore 'Totò' Riina. Conhecido como "A Besta", Riina terminou o acordo da máfia com os democratas-cristãos e embarcou, em vez disso, em uma campanha de crimes, bombardeios e assassinatos destinados a aterrorizar o estado em submissão. Privados de seus votos sicilianos, os democratas-cristãos perderam as eleições gerais de 1980 para o Partido Socialista (PSI), de Bettino Craxi. A guerra entre a máfia e o Partido Socialista, liderado pelo que se seguiu, culminou na condenação de 338 mafiosos em uma enorme operação em 1987, em Palermo. A Riina, em fuga e ausente, foram dadas duas sentenças de prisão perpétua.

Após interpor um recurso, Riina e seus tenentes-chefes reabriram as portas dos fundos para a Cosa Nostra e para os democratas-cristãos, e pressionaram Andreotti e Lima para garantir seu magistrado de escolha, Corrado Carnevale, conhecido como "O Assassino de Sentenças", esperando reverter suas condenações. Isto não foi feito, e quando as sentenças originais foram mantidas, Salvatore Lima foi assassinado por criminosos da Cosa Nostra, em março de 1992. Isto foi seguido pelos assassinatos de Giovanni Falcone e Paolo Borsellino, dois magistrados de alto nível que investigavam a máfia.

Embora ele tenha vivido por mais 21 anos, Andreotti nunca mais alcançou altos cargos após estes ultrajes. Em 1993, após a captura de Totò Riina, Andreotti foi julgado e absolvido de conluio com a máfia, baseando-se, principalmente, no estatuto de limitações da Itália por ministrar seus alegados crimes fora dos limites. Em um processo legal paralelo, Andreotti foi absolvido, após dois apelos, de cumplicidade no assassinato de 1979 do jornalista investigativo Mino Pecorelli.

Propaganda Due

Ao lado da máfia, o outro grande estado profundo da Itália do pós-guerra foi a Propaganda Due (P2). Originalmente uma casa maçônica, ela se tornou uma sociedade secreta ilegal, em 1976, quando foi ejetada do movimento dos maçons por causa da visão cripto-fascista de seu líder, o financiador Licio Gelli.

Livre do controle maçônico, Gelli remodelou a P2 para um estado de sombra dedicado à oposição, ao comunismo e à repressão da democracia. Por mais de 30 anos, ele conspirou com uma rede de políticos superiores, jornalistas, líderes militares, juízes e o banqueiro siciliano Michele "o Tubarão" Sindona, que destruiria inadvertidamente não apenas a P2, mas toda a arquitetura da política italiana.

Sindona usou os bancos que possuía para lavar o dinheiro da máfia e, quando vários desses bancos faliram, em 1979, após uma crise financeira, os investigadores descobriram evidências de atividades criminosas. Eles também descobriram um pagamento suspeito de "comissão" de US$ 5,6 milhões ao arcebispo Paul Marcinkus, presidente do Banco do Vaticano, e Roberto Calvi, o chefe do Banco Ambrosiano, um homem conhecido como "banqueiro de Deus" devido a sua estreita ligação com o papado. Uma vez alegadas as ligações entre a máfia, Sindona, o Vaticano e Calvi, as coisas se desenrolaram rapidamente. Em 1982, o Banco Ambrosiano tinha colapsado e Roberto Calvi, em fuga da justiça italiana, foi encontrado enforcado sob a Ponte Blackfriars, em Londres. Como Calvi e Michele Sindona eram membros da P2, seus escritórios tinham papéis incriminatórios recuperados, incluindo um plano para um golpe de direita intitulado "Plano para um renascimento democrático". Também foi encontrada uma lista de quase 1.000 membros da P2, apresentando os nomes dos chefes dos três ramos dos serviços secretos da Itália e o de Silvio Berlusconi, o magnata da mídia e futuro primeiro-ministro italiano.

A partir daqui, a rede foi ampliada para cobrir um sistema nacional de corrupção que os italianos chamavam de "Tangentopoli" ('Cidade da Propina') e, em 1992, o magistrado Antonio di Pietro foi nomeado para supervisionar uma ação conhecida como "Mani Pulite" ("Mãos Limpas"). Com o tempo, 5.000 figuras públicas foram investigadas e mais de 400 conselhos cívicos corruptos dissolvidos. Juízes foram presos, 80 reguladores financeiros foram interrogados e 300 líderes empresariais foram acusados de corrupção - pensa-se em algo em torno de US$ 4 bilhões anualmente. O escândalo da Cidade da Propina resumiu o conceito italiano de *dietrologia*, a busca de motivos ocultos, geralmente nefastos, por trás do estado oficial dos atos. Quando questionado, Bettino Craxi, líder do PSI, admitiu que "todos estavam fazendo isso" e que a corrupção e a conivência eram o "preço da política". No clamor público, se seguiu a fuga de Craxi à Tunísia, onde permaneceu até sua morte, em 2000.

As investigações das Mãos Limpas dizimaram o *establishment* da política italiana. Tanto os partidos democrata-cristão como o PSI desmoronaram, levando os restos mortais do estado profundo inspirado na Cidade de Propina com eles e deixando o partido Forza Italia, de Silvio Berlusconi, formado em 1994, como o principal beneficiário do cenário político remodelado. A Forza Italia esteve dentro e fora do governo durante os 20 anos seguintes, apesar, ou independentemente, das muitas sentenças de Berlusconi envolvendo a lei por corrupção e outros delitos.

Hoje, a política italiana está mais fraturada do que nunca, com governos instáveis, partidos políticos pós-fascistas e o populista Movimento das Cinco Estrelas que defende uma espécie de "faça de qualquer jeito", que levará quem sabe onde. Nesta situação, pode não demorar muito para que os italianos fiquem nostálgicos pela mão guia de seus antigos estados profundos mais uma vez.

FRANÇA

O estado profundo da França existe há 200 anos. Em cada geração, ele procura os mais brilhantes e os melhores, e os que se submetem a um regime de treinamento cansativo, ao qual só os mais aptos sobrevivem. Mas não é uma unidade de operações especiais ou uma divisão de inteligência disfarçada - é mais poderoso do que isso. É o funcionalismo público.

Nem todo o funcionalismo público, é claro. O estado profundo do funcionalismo administrativo da França compreende, no máximo, um par de milhares de almas, desenhadas de um punhado de escolas e universidades exclusivas. Seus membros deslizam sem esforço entre os mundos da burocracia, da política e de negócios, construindo redes e forjando vínculos que as pessoas de fora não podem penetrar. Até recentemente, o estado profundo administrativo da França reinava supremo, mas, agora, sua relutância em mudar está causando a queda da França em um mundo globalizado, socialmente móvel e competitivo.

Um falso começo

A França se apresenta como a terra sem classe e meritocrática - a terra do *liberté, egalité, fraternité* (liberdade, igualdade, fraternidade). Para onde você foi na escola ou universidade, por exemplo, não deveria importar - mas importa. Na verdade, a França opera um sistema de educação elitista que é projetado para garantir a alguns poucos a filiação de uma sombra exclusiva governamental.

Começa cedo. As escolas da França são gratuitas, com entrada baseada em mérito educacional, mas, mesmo assim, as instituições de maior prestígio tais como o Lycée Henri-IV, École Jeannine Manuel e o Lycée Louis-le-Grand continuam cheias de estudantes cujos pais são esmagadoramente influentes, brancos e bem conectados. Os mais capazes destes alunos são destacados e, ao chegar ao final da escola, na idade de 18 anos, são guiados para longe da universidade, e levados, em vez disso, para fazer as aulas preparatórias de dois anos, ou *prépas*, para a entrada em uma das

École nationale d'administration de Paris, a mais prestigiada escola francesa para presidentes e primeiros-ministros.

grandes écoles. Estas são as faculdades que treinam os futuros líderes do país, preparando-os para a entrada no estado profundo administrativo. Existem cerca de 200 *grandes* écoles, mas são as "cinco grandes" que realmente contam: o serviço público focado *Institut d'études politiques de Paris* (conhecido como *Sciences Po*); a École normale supérieure (ENS), baseada em humanas; o HEC Paris escola de negócios; a École polytechnique (ou, simplesmente, 'X'), especializada em ciência e tecnologia; e a École nationale d'administration (ENA), a escola para a futura função pública sênior e governante de elites. Destas cinco, a X e a ENA são as mais prestigiadas.

Os presidentes franceses Valéry Giscard d'Estaing, Jacques Chirac, François Hollande e Emmanuel Macron são todos énarques, como os ex-alunos da ENA são conhecidos, assim como foram os setes primeiros-ministros franceses até essa data. A ENA e a X, respectivamente, produzem cerca de 100 e 400 graduados anualmente, apenas 0,057% do total da população graduada. Deixando a faculdade, praticamente cada um deles têm um emprego de alto nível em um dos departamentos mais exclusivos da função pública. A partir daí, eles se movem para frente e para trás entre os mundos interligados do mundo civil de serviço, política e negócios, tentando encontrar um em que melhor se ajustam. Em uma pesquisa dos anos 90, 84% dos membros da diretoria das 40 maiores empresas da França eram graduados das *grandes écoles*; hoje, 60% dos CEOs das 100 maiores empresas da França participaram de uma *grande école*.

Este processo vem operando desde as primeiras *grandes écoles* abertas, em meados dos anos 1700. Fazia sentido, então, quando a educação em massa não existia, as taxas de alfabetização eram baixas e a mobilidade social era um sonho impossível. No mundo moderno, apesar das ocasionais concessões à ação afirmativa e à modernização, as *grandes* écoles parecem anacrônicas, seus formandos ganham mais que a nação que os atende e do que aqueles graduados que a carreira passa a ser estabelecida.

Uma regra para os ricos

Eventualmente, foi necessária uma insatisfação com o produto do sistema para tentar mudar isto. Um desistente da Sciences Po, Nicolas Sarközy se retratou como um forasteiro político. Quando foi eleito presidente, em 2007, estava em uma plataforma de liberalismo econômico e reforma administrativa. Isto alarmou o estado profundo da elite, cujos instintos eram mais corporativos que os do campeão do mercado livre Sarközy. A resposta do estado profundo ao chamado de Sarközy para mudanças mostrou a ambos como se exerce sua hegemonia e o que estava preparado para ser feito quando seu poder estava sob ameaça.

Uma das razões pelas quais o estado profundo da elite francesa é tão bem-sucedido é a longa tradição de intervenção do Estado na economia e na indústria. Conhecido como *dirigisme*, é um curioso híbrido do estilo britânico de nacionalização, planejamento soviético e capitalismo competitivo. A partir do fim da Segunda Guerra Mundial até a crise mundial do petróleo, em meados da 1970, deu-se à França o que os historiadores chamam de *les trentes glorieuses* ("os 30 anos gloriosos"), quando funcionários públicos, políticos e líderes de empresas - atraídos esmagadoramente de elites educadas em *grandes* écoles - trabalharam juntos para supervisionar a economia em expansão do país. Algumas grandes empresas, como a Renault, foram transformadas em propriedade do Estado, enquanto outras foram apoiadas com incentivos fiscais, subsídios e investimentos. Foi uma vitória para o estado profundo da elite. Seus membros conseguiram monopolizar os empregos bem remunerados e influentes, e a França prosperou.

Entretanto, o mundo mudou, mas o estado profundo da França não. Ele lutou para lidar com o liberalismo de mercado livre dos anos 80 e a globalização que se desenvolveu a partir dos anos 90. A propriedade estatal ou o controle parcial de grandes corporações tornou-as não competitivas. Em 2003, por exemplo, a France Telecom foi excluída da licitação dos contratos lucrativos para restaurar as redes pós-Guerra do Golfo de telefonia móvel do Iraque porque era de propriedade parcial do governo francês.

Nicolas Sarközy queria mudar tudo isso. A França estava ficando para trás, disse ele, e o sistema das *grandes écoles* criou uma regra elitista que cuidava de si mesma, mas estava fora de contato com a necessidades do povo francês comum. Ele ficou conhecido como "Nicolas, o americano", depois de sua defesa do estilo neoliberal americano voltado para o mercado de políticas. Mas isto era uma apostasia para o estado profundo *dirigiste*. Assim que se tornou presidente, em 2007, Sarközy encontrou seu programa legislativo bloqueado, enfraquecido ou ignorado pelos burocratas da França. Um plano Sarközy para abolir 150.000 empregos na função pública, por exemplo, resultou na criação de dezenas de milhares de empregos adicionais. A crise econômica global de 2008 só convenceu ainda mais a elite intervencionista e protecionista, afirmando profundamente que suas políticas estavam certas e as de Sarközy estavam erradas. Em pouco tempo, as acusações de corrupção e de financiamento ilegal de campanhas começaram a circular no governo de Sarközy, minando sua popularidade e destruindo sua credibilidade.

Quando Sarközy foi derrotado nas eleições presidenciais de 2012, as elites francesas deram um suspiro de alívio, especialmente como seu substituto, François Hollande, do Partido Socialista. Enquanto Sarközy era um desistente da Sciences Po, Hollande não completou apenas Sciences Po, mas foi para a HEC, Paris e para a ENA também. De lá, ele se juntou à *Cour des comptes*, a poderosa agência de auditoria governamental vista como o santo graal para os ambiciosos graduados das *grandes écoles*. Em resumo, Hollande foi o avatar do arquétipo estado profundo administrativo.

"Socorro! Os énarques estão de volta" foi uma manchete no *Le Figaro* quando Hollande se tornou presidente. Cerca de 60% dos funcionários em sua administração eram ex-alunos da X ou da ENA, incluindo vários membros da sua própria turma de formatura, de 1980, da ENA - um dos quais era seu ex-sócio, Ségolène Royal. "Nos vemos sempre. Passamos muito tempo juntos, passamos férias, vésperas de Ano Novo", ele disse de seus antigos colegas das *grandes écoles* em uma entrevista de 1988. "Nossos filhos se conhecem. Isto tem ajudado nossas carreiras? É, acima de tudo, um vínculo amigável que nos permite permanecer fortes quando as coisas não estão indo bem", declarou.

Ironicamente, as coisas não estavam indo bem para a presidência de François Hollande. Seu apego ao estado profundo da elite estava desatua-

Nicolas Sarközy, em 2010, no auge de sua campanha fracassada para reformar o que ele via como a burocracia ultrapassada da França.

lizado, focado nas políticas *dirigiste* da França em um mundo globalizado, que significava que ele não estava preparado ou disposto a lidar com os problemas sociais e as questões econômicas. Frustrados por sua incapacidade de invadir o círculo encantado das elites de *grandes écoles*, muitas das pessoas francesas ambiciosas simplesmente seguiram em frente. O Vale do Silício, na Califórnia, é agora lar de quase 60.000 cidadãos franceses orientados digitalmente e, antes do Brexit, havia pelo menos 120.000 cidadãos franceses vivendo no Reino Unido, a maioria em Londres. Sem respostas viáveis para os problemas da França, Hollande nem sequer se candidatou à reeleição, em 2017, e a presidência foi conquistada por seu protegido Emmanuel Macron, agora liderando o partido *La Republique En Marche!* – o grupo político que Macron descreve cuidadosamente como mais progressivo do que de esquerda, direita ou centrista.

As credenciais de *establishment* de Macron eram impecáveis: Lycée Henri-IV, Sciences Po, ENA, funcionário do serviço civil, banqueiro de investimento do Rothschild & Cie. Mas, apesar de ser um homem de estado profundo até seus próprios ossos, Macron também compartilhou o entusiasmo de Nicolas Sarközy por soluções baseadas no mercado para a França, problemas com o paternalismo aconchegante do passado. Sua introdução de incentivos fiscais para os ricos e a imposição de um combustível regressivo imposto lhe valeu o apelido de "presidente dos ricos" e trouxe manifestantes para as ruas em *gilet jaunes* ("casacos amarelos"), movimento que começou no final de 2018. Macron ficou tão alarmado com a veemência anti-establishment dos *gilet jaunes* que lançou, brevemente, a ideia de fechar a ENA. Mas o treinamento das *grandes écoles* de Macron logo fez efeito e, como Hollande, ele respondeu às críticas trazendo para seu entorno, no governo, contemporâneos de sua turma de formatura da ENA, de 2004, que compartilhavam de seu ceticismo do consenso *dirigiste*. Ele, então, se preparou para uma luta sobre duas frentes: contra os cidadãos que protestavam, que queriam empregos e oportunidades, e contra as *grandes écoles* tradicionalistas que viam Macron como um perigoso neoconservador e uma ameaça a seus privilégios profundos do estado.

Em 1789, o povo da França se revoltou para derrubar seus monarcas e aristocratas. Embora seja improvável que, em seus dias modernos, equivalentes como presidente e o estado profundo de elite estejam igualmente em estado de perigo mortal, a desconexão entre os governantes da França e os governados está crescendo e será irreparável até que o estado profundo de elite se arrume.

RÚSSIA

Diz-se que a democracia não funcionaria na Rússia - mas como poderíamos saber? Nunca foi tentada. Foram séculos de autocracia czarista seguidos, a partir de 1917, por décadas de totalitarismo marxista. O colapso do sistema soviético, em 1991, significou que a Rússia finalmente teve a oportunidade de dar poder a seu povo. Eles ainda estão esperando. E, enquanto eles esperam, um estado profundo de cleptocracia de agentes de serviços secretos, funcionários públicos e oligarcas têm trazido a eles mesmos as riquezas da nação, vigiada pelo chefe de Estado russo, Vladimir Putin.

Venda do século

Boris Yeltsin foi o primeiro presidente pós-soviético da Rússia, e sua principal tarefa no cargo era estabilizar o colapso da economia do país. O método que ele aplicou foi a "terapia de choque", a rápida e barata venda de bens estatais. O problema era que apenas dois grupos no início da década de 1990 tinham os fundos para comprar o que estava em oferta: ex-funcionários da KGB, recentemente alinhados com os fundos adquiridos ilegalmente do extinto Partido Comunista, e a minúscula emergente classe de oligarcas putativos da "economia cinzenta" - aquela parte da vida empresarial russa ocupando o interior sombrio entre o mercado negro e o comércio legítimo. Ambos os grupos adquiriram empresas enormes, como a Novolipetsk Steel e as empresas petrolíferas Yukos, Sibneft e Lukoil por uma fração de seu valor verdadeiro.

O dinheiro da KGB veio de uma fonte especialmente interessante. A partir da década de 1970, o Partido Comunista, governante da União Soviética, vendeu o petróleo russo e os grãos ucranianos no exterior, escondendo o dinheiro em contas offshore para financiar operações de serviços secretos. Quando o Partido Comunista desapareceu, em 1991, ninguém ficou com autoridade para reivindicar o dinheiro, então, uma corte de oficiais da KGB levou as centenas de milhões de dólares, deixou seus empregos e se reinventou com negócios magnatas. Agentes ambiciosos da KGB sem acesso às operações negras no fundo da lama ofereceram seus serviços aos próximos oligarcas, como homens de frente com conexões do governo para ajudá-los na compra de empresas estatais ou no comércio de ações recém-estabelecidas que, de acordo com a revista russa *Stolitsa*, em 1991, era composto por dois terços de ex-agentes da KGB. Em meados dos anos 90, os oligarcas haviam se tornado os beneficiários mais bem-sucedidos da grandeza de Boris Yeltsin, homens como Boris Berezovsky, Vladimir Vinogradov e Mikhail Khodorkovsky possuíam até 70% da riqueza da Rússia. No final da década, eles estavam se unindo em um estado profundo oligárquico. Mas, no último minuto, quando Boris Yeltsin se demitiu inesperadamente, em 31 de dezembro 1999, e foi substituído pelo primeiro-ministro russo, Vladimir Putin, tudo mudou.

Empregos para os meninos

Putin era, e continua sendo, um homem da KGB. Ele se juntou ao serviço em 1975 e só saiu em 1991, quando a União Soviética foi abolida. Como muitos de seus antigos camaradas, ele prosperou durante a "corrida do ouro" do início dos anos 90, entrando na política, em vez de negócios, e trabalhando para Anatoly Sobchak, seu professor universitário de direito e prefeito de São Petersburgo. A partir daí, Putin foi transferido para o gabinete presidencial de Boris Yeltsin, tornando-se vice primeiro-ministro, chefe da FSB (que substituiu a KGB em 1995), primeiro-ministro e, então, presidente.

Em seus primeiros dias com Sobchak, Putin foi implicado em um escândalo de suborno de petróleo, após o qual um inquérito oficial recomendou sua despensa. Putin sobreviveu e, se as alegações subsequentes contra ele são precisas, trouxe seu talento para as manobras políticas e a entrada financeira no palácio presidencial. Primeiro, porém, Putin teve que lidar com os oligarcas. Eles tinham duas opções: compartilhar seus despojos ou enfrentar as consequências. Aqueles que recusaram, tais como Boris Berezovsky, foram levados para o exílio (para o Reino Unido, onde morreu em circunstâncias inexplicáveis, em 2013) ou, como o comerciante de petróleo Mikhail Khodorkovsky, em 2005, encarcerados com acusações fabricadas. Sem surpresas, os demais oligarcas se comprometeram à fidelidade e pagaram seus dízimos.

Putin, então, começou a criar um estado profundo próprio, centrado ao redor de seus antigos colegas de serviço secreto. Quase um terço de funcionários do governo durante o primeiro mandato presidencial de Putin, 2000-2008, foram ex-KGB e FSB *siloviki* (literalmente 'homens de força'). Um dos *siloviki* mais duradouros de Putin é Sergei Ivanov. Ele e Putin serviram na mesma unidade da KGB de 1975 a 1991, e Ivanov, desde então, tem ocupado vários altos cargos políticos, incluindo o de vice primeiro-ministro, permitindo-lhe acumular poder e riquezas para si mesmo e sua família. O filho de Ivanov, Sergei Jr., foi nomeado para as diretorias de várias grandes corporações russas, ainda na casa dos 20 anos e, em 2017, com 36 anos de idade, foi nomeado chefe executivo da empresa mineira de diamantes administrada pelo Estado, Alrosa, que produz cerca de um quarto dos diamantes do mundo.

Dinheiro manda

No entanto, nem todos os associados próximos de Putin são antigos fantasmas. Vladimir Yakunin era um diplomata que possuía uma *dacha* (casa de campo) no mesmo condomínio fechado que Putin, no início dos anos 90. Em 2005, Yakunin conseguiu o emprego de presidente da estatal Russian Railways. Nos 10 anos seguintes, a empresa distribuiu bilhões de dólares por serviços inexistentes para falsificar contratos. De acordo com uma investigação da Reuters, durante o período 2010-13, os contratos ferroviários no valor de US$340 milhões foram adjudicados em processos de licitação nos quais apenas duas empresas participaram, ambas foram criadas no mesmo dia, pela mesma pessoa, administrada por um proprietário não revelado. Em seu último ano no cargo, Yakunin

O braço direito de Putin? O siloviki mais influente da Rússia, Sergei Ivanov.

presidiu um prejuízo de US$ 1,6 bilhões, resultado de "corrupção e má administração", de acordo com o político da oposição russa e militante antigoverno Alexey Navalny.

O custo da corrupção na Rússia está estimado em US$ 300 bilhões. A fuga de capitais - a exportação da riqueza do país - tem visto US$350 bilhões deixarem a Rússia desde 2005. Hoje, pouco mais de 100 bilionários controlam 35% da riqueza da Rússia, e o estado profundo do serviço secreto, com Putin à frente, toma uma parte de tudo isso. As estimativas da riqueza pessoal de Vladimir Putin variam. O financiador Bill Browder, que já foi o maior investidor de carteira na Rússia, disse a um Comitê Judiciário do Senado dos EUA, em 2017, que era de US$ 200 bilhões. Outras estimativas apontam para US$ 70 bilhões. De qualquer forma, supera maciçamente a renda média russa de US$800 por mês, em um país onde 21 milhões de pessoas, 14% da população, vivem na pobreza. Enquanto isso, o dinheiro estatal roubado é lavado através do Chipre, então transferido para empresas offshore em paraísos fiscais como as Ilhas Virgens Britânicas ou Gibraltar. Tipicamente, dinheiro "limpo" é, então, investido no mercado imobiliário de luxo de Londres, artificialmente inflacionando os preços já altos dos imóveis.

O crescimento do estado profundo cleptocrático sob a liderança de Vladimir Putin coincidiu com um aumento das atividades ilícitas do país no exterior para minar e desestabilizar seus rivais internacionais. A interferência dos serviços secretos da Rússia nas eleições presidenciais de 2016 nos EUA é bem conhecida, assim como seu fomento de tumultos na Ucrânia em 2014, e mais, financiado em parte pelo estado profundo de dinheiro de campanhas. Nada disso, certamente, era o que Boris Yeltsin tinha em mente quando entregou o poder presidencial a Vladimir Putin, na Véspera do Ano Novo de 1999, e pediu-lhe que "cuidasse da Rússia".

ALEMANHA

Dada a história da Alemanha do século XX, qualquer sugestão de atividade de direita lá, desde 1945, é monitorada com interesse. No entanto, o monitoramento não tem sido rigoroso o suficiente, já que, durante décadas, nacionalistas extremos e ex-grupos neonazistas exerceram impacto sobre o país por meio de seu poder judiciário e de seus serviços de inteligência. Dada a reputação da Alemanha como um farol do pós-guerra de política responsável, socialmente liberal e progressista, é uma prova da capacidade do estado profundo de direita de exercer influência enquanto está por baixo.

Novos cargos para os nazistas

Quando se discute o destino dos nazistas do pós-guerra, muitas vezes, o foco é a cumplicidade de sacerdotes altamente colocados no Vaticano e simpatizantes nacional-socialistas em ajudar os criminosos de guerra a escapar da Europa para novas vidas na América do Sul, especialmente quando aqueles que fugiram incluíam personagens como Dr. Joseph Mengele, o "Anjo da Morte" de Auschwitz, e Adolf Eichmann, um dos organizadores do Holocausto. Mas, a partir de uma perspectiva de estado profundo, concentrando-se nestas "linhas de rato", perdoa-se dezenas de milhares de nazistas, incluindo os membros da SS e criminosos de guerra, que permaneceram na Alemanha - especialmente aqueles que passaram a assumir papéis importantes na vida pública para se proteger de qualquer forma de reconhecimento e seus antigos camaradas. Isto foi facilitado pela instalação da União Soviética, de um regime fantoche na Alemanha Oriental, no final da Segunda Guerra Mundial. O chanceler da Alemanha Ocidental, Konrad Adenauer, argumentou que ele precisava de gerentes e administradores experientes da era nazista em seu governo para garantir que seu país constituísse uma forte barreira contra a maior propagação do comunismo. Quando seu próprio chefe administrativo, Hans Globke, que ajudou a redigir as leis racistas de Nuremberg, sob a liderança de Hitler, foi revelado, em 1950, Adenauer o manteve no cargo.

O raciocínio de Adenauer fazia sentido, mas abriu caminho para um abuso sistêmico, e a CIA ficou feliz em intervir. Com aprovação do governo da Alemanha Ocidental, a agência de espionagem americana

O antigo nazista Reinhard Gehlen teve uma longa carreira no pós-guerra, liderando a agência de contraespionagem antissoviética financiada pela CIA na Alemanha Oriental.

criou uma agência de inteligência conhecida como a Organização Gehlen (ou, simplesmente, a Org) para repelir as tentativas soviéticas de infiltração e espionagem. A Org foi chefiada pelo Major General Reinhard Gehlen, o ex-chefe da inteligência militar nazista na Frente Leste. Sob o comando de Gehlen, a Org recrutou dezenas de antigos nazistas, incluindo, alegadamente, criminosos de guerra, como os oficiais da SS, Alois Brunner, acusado da morte de 100.000 judeus no Holocausto, e Karl Silberbauer, o homem que prendeu Anne Frank.

Em 1956, a Org tornou-se o Serviço Federal de Inteligência (ou BND, *Bundesnachrichtendienst*), o equivalente da Alemanha Ocidental à CIA ou ao MI6 da Grã-Bretanha. Reinhard Gehlen permaneceu no cargo até 1968, como fizeram muitos outros nazistas, inclusive Gerhard Wessel, o substituto de Gehlen como diretor. A partir daí, a penetração dos serviços secretos na extrema direita tornou-se uma constante no pós-guerra da história da Alemanha.

Justiça negada

Enquanto ex-oficiais da SS e criminosos de guerra se inseriam na hierarquia da inteligência, um grupo de elite de nazistas ocupava o sistema judiciário da Alemanha Ocidental. Entre 1949 e o início da década de 1970, por exemplo, 90 dos 170 funcionários do mais alto escalão do Ministério da Justiça haviam sido membros do Partido Nazista - uma proporção maior do que a que havia sido atingida durante o Terceiro Reich. Um destes homens era Franz Massfeller, um dos mais velhos juristas da divisão de direito de família do Terceiro Reich. Na época nazista, ele ajudou a escrever a Lei antissemita para a Proteção do Sangue e da Honra e, mais tarde, supervisionou a introdução da legislação que proibia a mistura entre judeus e não judeus em casamentos.

O estado profundo do Ministério da Justiça de ex-nazistas se tornou adepto de não chamar a atenção para si, operando uma política que eles chamavam de "justiça corvo": se você não bicar meus olhos, eu não vou bicar os seus. Seguros em seu anonimato, estes homens foram, depois, livres para negar justiça no pós-guerra às vítimas sobreviventes dos nazistas. Em 1958, o estado profundo do Ministério da Justiça dominado emitiu uma anistia para os criminosos nazistas da guerra. Dois anos depois, decretou que o estatuto de limitações para processar os crimes de guerra havia expirado.

Apenas a partir do novo milênio, com a maior parte dos criminosos nazistas da guerra mortos, é que os tribunais alemães começaram a abordar cautelosamente os pecados do passado. Mesmo assim, julgamentos como o do suposto guarda do campo de morte nazista, John Demjanjuk, em 2011, foram raros. A condenação de Oskar Groening, em 2015, o chamado "Contador de Auschwitz', só aconteceu depois que Groening se apresentou em protesto contra a ascensão da negação do Holocausto na Alemanha.

Lugar errado, hora errada

À medida que a velha geração passou, uma nova geração de neonazistas tomou seu lugar, e o estado profundo deixou de proteger os fascistas e passou a cobrir as atividades de operação ativa de grupos de extrema direita com os quais simpatizam ou com a ajuda que eles precisavam.

Isto veio à luz em 2013, durante o julgamento de Beate Zschäpe, a membro sobrevivente de uma organização terrorista chamada Clandestinos Socialistas Nacionais (NSU), que havia praticado uma campanha de assassinatos durante 13 anos contra os imigrantes na Alemanha, provocando a morte de oito turcos, um serralheiro greco-alemão e uma policial alemã. Uma das testemunhas de acusação foi Andreas Temme que, em 2006, tinha sido um cliente em um café-internet em Kassel, quando seu proprietário, Halit Yozgat, um homem de 21 anos, de ascendência turca, foi morto a tiros pelos membros da NSU, Uwe Mundlos e Uwe Böhnhardt. Temme testemunhou que não tinha visto nem ouvido nada, mas o que realmente surpreendeu o tribunal foi a revelação de que ele era um operativo de inteligência investigando grupos clandestinos de extrema-direita. Questionado sobre isso e perguntado sobre o porquê de ele não ter se apresentado no momento do assassinato, Temme reivindicou que sua presença no café-internet tinha sido inteiramente por coincidência. Ele não tinha falado aos investigadores do assassinato, disse ele, porque estava envergonhado: ele não queria que sua esposa, que estava grávida, descobrisse que ele estava utilizando o café para visitar sites de encontros na internet.

Quando a imprensa analisou os antecedentes de Temme, descobriu que ele tinha simpatias de direita e, em sua juventude, tinha sido apelidado de "pequeno Adolf", por causa de sua visão franca. Uma busca mais profunda para ver se Temme era um agente desonesto ou parte de uma ação da agência de inteligência foi bloqueada dentro do Ministério do Estado. Um clamor público irrompeu sobre o que parecia ser um disfarce e foi lançada uma investigação oficial. Embora o relatório de investigação tenha sido concluído em 2014, o Ministério da Justiça declarou que não poderia ser liberado na íntegra e sem censura até 2134 (embora esta data tenha sido reduzida posteriormente para 2054).

Com uma rede de fontes neonazistas clandestinas e informantes pagos para salvaguardar, para não mencionar os agentes infiltrados e para ocultar, a relutância do serviço de inteligência em ser mais aberto sobre suas atividades é compreensível. Mas, quando agentes secretos tes-

Membros da unidade de elite do Kommando Spezialkräfte, *da Alemanha. Um grande número de seus membros tinha associações com a extrema-direita, e têm sido ligados a uma variedade de complôs para assassinar oponentes políticos da esquerda.*

temunham ou mesmo participam de crimes de ódio por motivos raciais, colocam em questionamento o que esses serviços de inteligência estão tentando alcançar, e se os elementos do estado profundo têm interesse em fomentar desarmonia racial.

Os novos neonazistas

Esta linha desfocada entre infiltração encoberta e cumplicidade foi atravessada no verão de 2019, quando um grupo de neonazistas chamado *Nordkreuz* ("Cruz do Norte") foi descoberto e havia compilado uma "lista de morte" de alvos de esquerda e liberais, cujos detalhes tinham acesso por meio de registros policiais confidenciais. Pelo menos um dos 30 elementos do grupo fez parte de uma equipe especial contra "greves" da polícia. Foi descoberto que a célula tinha ligações com outros oficiais e agentes do serviço de segurança.

As revelações de *Nordkreuz* vieram semanas depois que um ativista chamado Stephan Ernst confessou o assassinato do político pró-imigração, Walter Lübcke, incitando acusações de que os serviços de inteligência da Alemanha estavam, na melhor das hipóteses, fazendo vista grossa ao extremismo da direita. Pode ter sido por isso que, em setembro de 2019, os chefes da inteligência militar da Alemanha ordenaram um inquérito na elite do KSK (*Kommando Spezialkräfte*), na unidade contraterrorismo. Foram encontradas filiações de extrema-direita dentro da força de 1.000 homens e datadas, pelo menos, desde os anos 90, quando o KSK começou a realizar uma festa anual para celebrar o aniversário de Adolf Hitler.

Isto ocorre em um momento em que partidos de extrema-direita, como a NPD (*Nationaldemokratische Partei Deutschlands*, ou Partido Democrata Nacional) e AfD (*Alternative für Deutschland*, ou Alternativa para a Alemanha) estão em ascensão, um corolário "legítimo" aos sedicionários do estado profundo, cujos interesses compartilham e cujas ações têm sido facilitadas por um serviço de inteligência com uma agenda de lei e ordem, pública e nacionalista. Embora ainda não exista um estado profundo formalmente organizado dos neonazistas, políticos de extrema-direita e serviços de segurança do governo, seu desejo comum de uma forte, segura e 'pura' Alemanha tem ecos perturbadores de uma história recente que poucos fora de sua cabala querem ver revisitada.

O REINO UNIDO

Assuntos de classe no Reino Unido - não apenas classe social, mas a classe que se tem na escola, são frequentemente vinculadas. Por pelo menos dois séculos, uma elite privilegiada tem tido uma influência desproporcionalmente grande na política britânica, nas finanças, na segurança, no serviço social superior, na mídia, nos militares e nos negócios. É uma rede bem antiga, centrada em torno do "gasoduto" da escola pública Oxbridge, que há gerações vem proporcionando os líderes do país. É uma rede que, aconteça o que acontecer, parece a mesma.

Neste estudo sobre o estado profundo elitista do Reino Unido, vamos examinar em particular como suas necessidades e desejos afetam a forma como o país é, e como os interesses constituídos que representam o mundo dos negócios e, cada vez mais, das finanças, afetam o destino da nação - especialmente em relação ao Brexit, a grande questão nacional dos últimos tempos.

A nata da safra?

Os fatos sobre a rede dos antigos garotos do Reino Unido, como chamaremos esse estado profundo, falam por si mesmos. Desde 1900, 71% da população britânica de primeiros-ministros (PM) participaram das universidades de Oxford ou Cambridge. São 77% desde o primeiro PM da Grã-Bretanha, Robert Walpole (1721-42), do King's College, Cambridge. Naquele mesmo período, desde o tempo de Walpole, apenas 1% da população se forma na Oxbridge. Isto é como deveria ser, talvez, como Oxbridge é descaradamente elitista. Mas as melhores pessoas aceitas são, supostamente, da elite intelectual, e não os mais ricos, os mais privilegiados ou os mais bem conectados, embora isso seja também, sem dúvida, o caso. Apenas 7% da população do Reino Unido são ricos o suficiente para frequentar escolas públicas, mas seus alunos ocupam cerca de 45% dos lugares de Oxbridge.

A Universidade de Oxford é a alma mater *de pouco mais da metade dos primeiros-ministros do Reino Unido.*

Mais de 50% dos educados no Reino Unido na lista de ricos do *Sunday Times* foi para a escola pública, assim como 45% dos deputados do Partido Conservador (são 15% para o Partido Trabalhista) e 53% do último gabinete de Theresa May (St Hugh's College, Oxford) em 2019. Os 71% dos juízes seniores do Reino Unido são ex-alunos de Oxbridge, enquanto 60% dos secretários permanentes do serviço social e 57% dos membros da Câmara dos Lordes tiveram educação privada. É uma situação semelhante àquela da França, com seu sistema de *grandes écoles,* ou Liga da Hera da América.

Em geral, os poucos privilegiados exercem seu poder benevolentemente, senão de forma justa, favorecendo uma abordagem da vida pública. Isto explica, de alguma forma, o que alguns viram como a resposta errada do *establishment* ao Brexit, resultado do referendo de 2016, acusado de buscar reverter a vontade do povo com base no pressuposto de que os eleitores não tinham compreendido adequadamente as questões complicadas envolvidas. Ironicamente, um dos maiores beneficiários do recuo contra supostos *establishment* "antiBrexit" no estado profundo foi

Boris Johnson (Eton; Balliol College, Oxford), um da ultra-elite, que enrolou uma maioria de 80 assentos nas eleições gerais de 2019 com uma promessa de "fazer o Brexit".

O golpe que nunca ocorreu

Apesar do velho estado profundo operar benignamente na maior parte do tempo, em 1968, uma parte dele entrou na ofensiva contra o que via como uma ameaça tanto para a segurança nacional quanto para sua própria posição privilegiada.

É justo dizer que o *establishment* da Grã-Bretanha sempre foi desconfiado do socialismo. A política de esquerda, para a maioria desta classe, é algo a ser explorado na universidade e, depois, abandonado como loucura da juventude. As consequências de não fazer isso resultam em exemplos infelizes e embaraçosos como o de Kim Philby (Westminster School; Trinity College, Cambridge) e Guy Burgess (Eton; Trinity College, Cambridge), que levaram as coisas mais longe e espionaram para a União Soviética até as décadas dos anos 30, 40 e 50, permanecendo sem ser detectados por tanto tempo por causa de seu passado de estado profundo de elite.

Quando Harold Wilson (Jesus College, Oxford), dos Trabalhistas, se tornou primeiro-ministro, em 1964, um arrepio atravessou o estado profundo. Embora um brilhante estudioso, tornando-se um dos mais jovens formandos de Oxford, com apenas 21 anos de idade, Wilson também era um garoto de gramática; não bastante correto, de acordo com alguns de seus mais privilegiados contemporâneos. Quando Wilson, uma vez, contou no Parlamento como quando criança, na década de 1930, tinha sido tão pobre que não tinha sapatos para vestir, o líder bem-nascido do Tory, Harold Macmillan (Eton; Balliol College, Oxford), em uma observação que capturou perfeitamente a cultura da era 'conheça seu lugar', replicou que, 'se o Sr. Wilson não tem botas para ir à escola, era porque ele era grande demais para elas".

Alguém que também acreditava que Wilson era grande demais para suas botas era Cecil Harmsworth King (Winchester College; Christ Church, Oxford), um barão de imprensa cuja estabilidade de títulos incluía o *Daily Mirror*, então, o jornal diário mais vendido no mundo, com um grande número de leitores da classe trabalhadora - o "homenzinho", como King se referia a seu leitor típico. Na mente de King, ele e seu jornal tinham entregado a vitória eleitoral de Wilson e ele queria reconhecimento e recompensa por fazer isso. Mas, quando Harold Wilson ofereceu a King uma parceria, esta foi rejeitada. King queria um condado que Wilson não estava preparado para conceder. A partir daí, King se tornou o inimigo mais implacável de Harold Wilson, usando o *Daily Mirror* para atacar incessantemente o governo trabalhista e decretando o fracasso do partido em administrar a economia. Por um breve momento, King se envolveu em discussões com Lord Cromer (Eton; Trinity College, Cambridge) sobre o governador do Banco da Inglaterra ter o objetivo de depor Harold Wilson e substituí-lo por alguém considerado mais sintonizado com as necessidades da nação – e com o *establishment*.

Quando Cromer deixou o Banco, em 1966, King continuou a conspirar. Ele, primeiro, tentou recrutar companheiros de jornal para seu esquema. O editor do *Daily Mirror*, Hugh Cudlipp (deixou a escola aos 14 anos), foi receptível, enquanto Bill Deedes, do *Daily Telegraph* (Harrow), e William Rees-Mogg (Charterhouse; Balliol College, Oxford), do *The Times*, eram ambivalentes. Abertamente hostil era o ministro da tecnologia, Tony Benn (Westminster School; New College, Oxford), que disse a Wilson que algo estava acontecendo depois que King se aproximou dele. Prevenido, Wilson fez planos para se defender contra qualquer tentativa de golpe, enquanto os conspiradores de King na cidade de Londres, possivelmente alarmados com o que uma luta de poder de King-Wilson significaria para a economia, retiraram-se discretamente da trama. Mas, embora o primeiro-ministro estivesse plenamente ciente dos planos de King, e apesar do fato de muitos de seus golpistas terem desertado, o amargurado barão da imprensa conspiraria independentemente.

Em 8 de maio de 1968, Cecil King convidou Lord Louis Mountbatten (Royal Naval College) para jantar e lhe perguntou se ele lideraria um governo de emergência após um golpe de estado contra Wilson. Um Mountbatten chocado arranjou suas desculpas e foi embora. Dois

Um revolucionário improvável: o proprietário do Daily Mirror, *Cecil Harmsworth King, formou um estado profundo cabal para derrubar o primeiro-ministro Harold Wilson.*

dias depois, King publicou um ataque incendiário de primeira página contra Wilson no *Daily Mirror* com o título "ENOUGH IS ENOUGH" ("BASTA"). King alegou que o país estava em direção à ruína sob a liderança de um governo trabalhista economicamente incompetente e que Wilson tinha que sair. King esperava que seu artigo inspirasse um fervor revolucionário em seu exército de leitores do *Daily Mirror*. Não o fez. Três semanas mais tarde, a diretoria de King o expulsou em um golpe próprio e Wilson permaneceu como primeiro-ministro até 1970, e novamente a partir de 1974–76.

A extensão total da trama de King permanece pouco clara. Em sua obra de memórias, de 1987, *Spycatcher*, que o governo britânico tentou proibir, o ex-operador da MI5, Peter Wright (St Peter's College, Oxford), alegou que sua agência tinha estado envolvida na trama e que King tinha sido "um agente de longa data". Wright também alegou que um agente da ala do contingente de direita dentro do MI5 havia escutado e vigiado Wilson, que eles suspeitavam ser um espião soviético. Este foi um assunto em que os serviços de inteligência britânicos eram bem versados, pois suas fileiras tinham anteriormente incluído agentes russos, como os "Cinco de Cambridge" de Kim Philby, Guy Burgess, Donald Maclean, Sir Anthony Blunt e John Cairncross (todos Trinity College, Cambridge), e o agente duplo soviético, George Blake (Downham College, Cambridge).

As revelações de Peter Wright sobre as ações do serviço secreto fora dos livros não tinham nada de novas, no entanto. Ao longo da década de 1950, por exemplo, a MI6 mantinha seu próprio fundo de verba independente de qualquer controle governamental. A conta foi mantida no Banco Militar Holt's, na Whitehall, nº 22, e continha até £1,4 milhões (£39 milhões/US$50,5 milhões em dinheiro de hoje), a maior parte dos quais foi destinada para operações não autorizadas no Oriente Médio, com codinomes tais como *Scant, Scream, Straggle* e *Sawdust*, o último dos quais foi considerado um plano para desestabilizar o Presidente Nasser no Egito. Até hoje, a origem do dinheiro no Holt's é desconhecida: quando o Tesouro descobriu sobre a conta, em 1952, o "C" do MI6, Senhor Stewart Menzies (Eton; Grenadier Guards), disse apenas que os fundos provêm de "benfeitores...incluindo uma particularmente grande soma de um americano".

Quem realmente governa a Grã-Bretanha?

Em 1980, uma nova série na BBC TV focalizou o funcionamento interno do estado profundo do velho garoto nos corredores de poder de Whitehall. *Yes Minister*, e seu sucessor, *Yes Prime Minister*, foi até 1988, seguiu a carreira do político infeliz Jim Hacker, cada vez mais frustrado e enganado por seu secretário permanente do serviço público, senhor Humphrey Appleby. O espetáculo foi tão preciso em retratar como as elites da função pública seguem suas próprias agendas, muitas vezes contra o governo, que depois dos mandarins da Whitehall foram conhecidos coloquialmente como 'Sir Humphreys'. Eles são a encarnação do estado profundo de elite que nunca muda, o tipo de homens (são quase sempre homens) que dirigem as coisas das poltronas confortáveis de couro exclusivas dos clubes de cavalheiros em St James's, onde a política estatal é feita e desfeita com a proverbial "palavra tranquila" sobre o uísque envelhecido.

Yes Minister foi transmitido pela primeira vez poucos meses depois da vitória eleitoral de Margaret Thatcher (Somerville College, Oxford), em 1979. Thatcher e o estado profundo dos velhos meninos estavam em desacordo desde o primeiro dia. Como Harold Wilson, Thatcher foi uma arrivista - a filha de um merceeiro. Para os conservadores tradicionais, ela era 'TBW' (that bloddy woman), aquela mulher sangrenta. Mas a nova primeiro-ministra não se importou. Sua missão, como ela a viu, era reformular o "estado de babá" da Grã-Bretanha, tornando o país mais competitivo e eficiente mediante a imposição de um modelo econômico de mercado livre que era contrário ao conservadorismo de uma nação que, até então, tinha dominado tanto seu partido quanto a rede dos velhos meninos que administrava o país.

No entanto, enquanto Margaret Thatcher era absolutamente uma das grandes disruptoras da história britânica e, inegavelmente, mudaria o país para sempre, o estado profundo dos velhos meninos entrou apenas em retiro temporário durante seu reinado de 10 anos. No novo milênio, eles estavam de volta, mais fortes do que nunca. Em 2005, por exemplo, os funcionários públicos seniores do Departamento de Educação e Habilidades foram bloqueados e, depois, diluídos nas propostas do governo trabalhista de Tony Blair (Fettes; St John's College, Oxford) para dar aos pais uma maior escolha sobre quais escolas seus filhos frequentariam. Alguns anos mais tarde, em 2011, o órgão da administração pública, a Autoridade de Grandes Projetos (MPA), preparou um estudo que foi tão crítico do contencioso esquema ferroviário HS2 que o governo se recusou a publicá-lo - mas o relatório foi divulgado de qualquer forma e ajudou a minar ainda mais o que, para o estado profundo administrativo, é um dreno caro e sujo sobre os recursos públicos que eles prefeririam ver arquivados.

Até 2012, o primeiro-ministro David Cameron (Eton; Brasenose College, Oxford) estava reclamando publicamente que os servidores dos serviços sociais estavam bloqueando as iniciativas governamentais e que discordavam com, particularmente, uma destinada a reduzir o poder da função pública e aumentar a influência dos conselheiros especialistas politicamente nomeados. Em uma fala que poderia ter vindo diretamente de um episódio de *Yes Mnister*, o principal funcionário público do país, Sir Jeremy Heywood (Hertford College, Oxford), disse a um comitê da Câmara dos Comuns que "Parte de nosso papel é dar conselhos sobre se algo funcionará, se algo for contrário à lei. Ocasionalmente, que se deparará como uma tentativa de desacelerar ou parar as coisas acontecendo - isso é parte de nosso trabalho". Pouco tempo depois, os planos de Cameron para o serviço social foram discretamente arquivados.

Um Brexit divisivo

Desnecessário será dizer que a elite do *establishment* foi acusada de interferir no maior assunto dos últimos tempos: o Brexit. Foi um evento que não apenas dividiu a nação; também dividiu o estado profundo.

A Grã-Bretanha aderiu ao que então era chamado de Comunidade Europeia (CE) em 1973 e, em 5 de junho de 1975, a nação era membro confirmado em um referendo por uma margem de 67-33%. Isto veio como um tremendo alívio para os serviços de segurança do Reino Unido, que queriam que a Grã-Bretanha aderisse ao que era uma forte aliança europeia continental contra a União Soviética. Para este fim, a MI6 e as figuras sêniores do Ministério das Relações Exteriores criaram e financiaram várias organizações pró-CE para influenciar a opinião pública, especialmente a Liga Europeia para Cooperação Econômica (ELEC), encabeçada pelo empresário e político Alistair McAlpine (nascido no Hotel Dorchester; Stowe School). Tão secreto era o estado profundo da ELEC que também poderia ter sido incluído dinheiro da CIA que o próprio McAlpine, inicialmente, não saberia sobre isso.

Quarenta anos depois, o estado profundo estava vivo novamente - supostamente. Desta vez, era dos funcionários públicos da Whitehall, políticos que, apoiando o Remain (Permanece), em todos os espectros políticos, e da BBC, que era acusada de tentar reverter o resultado do Leave (Deixar) de 52-48% que aconteceu num referendo em 23 de junho de 2016. A Comissão Eleitoral, por exemplo, foi acusada de censurar violações de gastos de campanha pelos defensores do Brexit, como Matthew Elliott (London School of Economics) e Dominic Cummings (Exeter College, Oxford), da campanha do Vote Leave (Vote Deixar) e Darren Grimes (Universidade de Brighton), do grupo de jovens BeLeave, ignorando ao mesmo tempo o excesso de gastos do movimento Remain (Permanece). Foi alegado que ambos os lados mentiram e espalharam desinformação durante toda a campanha. A BBC foi a porta-voz do Remain, os apoiadores do Leave foram jornais como o *The Sun*, o *Daily Telegraph*, o *Daily Express* e o *Daily Mail*, impressos com mentiras não verificadas, fornecidas pelos Leave, os Remainers reclamaram. Se estas acusações eram verdadeiras ou não, elas ecoavam uma tradição dos proprietários da imprensa britânica empurrando suas agendas através de seus títulos, do "Basta" do *Diary Mirror* de Cecil King ao australiano-americano Rupert Murdoch "Essa o *The Sun* venceu a guerra", a manchete depois das eleições gerais da vitória do partido Tory, em 1992, comemorando abertamente a influência daquele jornal.

As alegações de interferência russa na campanha do Brexit foram também feitas pelo campo pró-UE. Um relatório oficial sobre possíveis intromissões russas ainda não foi tornado público. Sua publicação foi adiada por razões inexplicáveis até depois das eleições gerais de 2019, que foram ganhas em um "Get Brexit Done" (Faça o Brexit) pelo Partido Conservador, cujo financiamento da campanha foi aumentado na ordem de vários milhões de libras por doadores russos ricos.

Cobrindo suas apostas

Quando o governo conservador de Boris Johnson aprovou o projeto de lei do acordo de retirada do Brexit, em janeiro de 2020, marcando o início da partida da Grã-Bretanha da UE, os partidários do Remain deixaram de perguntar como os britânicos foram persuadidos a votar para deixar a UE e começaram a buscar o *porquê* foram encorajados a fazer isso.

Enquanto 17.410.742 eleitores do Leave ficaram muito felizes quando o resultado do referendo chegou, alguns poucos foram mais felizes do que outros. Crispin Odey (Harrow; Christ Church, Oxford) é um gerente de fundo de hedge e doador do Partido Conservador. Tem sido afirmado que sua empresa, Odey Asset Management, ganhou US$ 300 milhões na noite de referendo, "apostando" na vitória do Leave, enquanto a maioria das pessoas endinheiradas estava com o Remain. Jacob Rees-Mogg (Eton; Trinity College, Oxford), então presidente do Grupo de Pesquisa Europeu pro-Brexit (ERG), é um velho conhecido de Crispin Odey. Em 2007, a Odey ajudou a Rees-Mogg a criar a Somerset Capital Management (SCM), um fundo de investimento no qual a Rees Mogg retém uma participação de 15%. De acordo com um relatório de 2019 do programa documentário *Dispatches*, do Canal 4 do Reino Unido, os lucros da SCM relacionados ao Brexit desde 2016 são de £47 milhões, com a participação da Rees-Mogg estimada em £7 milhões, um valor que ele refuta. Finalmente, Nigel Farage (Dulwich College), o homem que mais do que qualquer outro fez o Brexit acontecer, tem sido acusado de lucrar com o resultado do referendo também, colocando apostas monetárias em um resultado bem-sucedido do Leave

Enquanto especular sobre o resultado da votação política não é ilegal, fazê-lo enquanto estiver recebendo informações privilegiadas é ilegal. Diz-se que os supostos ganhos de Farage com o Brexit foram baseados em seu recebimento de informações sobre as pesquisas de saída embargadas na noite do referendo, antes da data oficial de lançamento, às 22h00, permitindo que ele especulasse falsamente duas vezes na televisão ao vivo, que se pensasse que a campanha do Leave havia perdido. Isto ajudou a encurtar a probabilidade de uma vitória do Remains e prolongar a vitória do Leave. Farage nega estas especulações, mas as alegações de abuso de informação privilegiada continuam a perseguir os financiadores e administradores de fundos que fizeram uma fortuna com o resultado do Brexit.

Com o voto do Leave garantido, pelo menos um fundo de hedge capitalizado sobre a vitória de uma forma, talvez, surpreendente, quando a SCM criou um fundo em Dublin, seguramente dentro da Zona Euro de que Jacob Rees-Mogg, fundador e grande acionista da SCM, tinha feito campanha tão vigorosamente para sair. A expansão irlandesa da SCM é tanto mais desconcertante quanto a principal razão para apoiar o Brexit, que foi evitar as reguladoras dos fundos de hedge, tais como as Diretiva de Gestores de Fundos de Investimento Alternativos (AIFMD) e as Diretiva de Instrumentos Financeiros dos Mercados II (Mifid II), de introduzir impostos e restrições sobre transações de investimento. "Acho que existem riscos reais - a longo prazo, riscos estruturais - de permanecer na UE, dos quais somos agora livres", disse Rees-Mogg após o resultado do referendo. Ele também sustenta que, como deputado, não está envolvido em nenhuma das decisões comerciais ou de investimento da SCM.

Pague para jogar

A estreita associação da campanha do Leave e o apoio do fundo de hedge é aquela que cresceu como apoio comercial tradicional para o Brexit diminuir. Quando a Confederação da Indústria Britânica (CBI) saiu do Remain, em 2016, nem todos na campanha do Leave estavam consternados. "Foda-se os negócios", declarou Boris Johnson mais tarde - seguro de que sua campanha estava sendo generosamente apoiada pela indústria financeira, e que este apoio transitaria para o Partido Conservador, uma vez que se comprometeu inequivocamente a extrair rapidamente o Reino Unido da UE.

Esta mudança da guarda de negócios para finanças pode ser claramente rastreada na composição do lobby da associação do Grupo do Leave, criado em 2003, e aberto apenas a doadores que contribuíssem com £50.000 ou mais para o Partido Conservador. Até por volta de 2010 era dominado pelos negócios tradicionais, como os fabricantes e varejistas. Hoje, os fundos de hedge, bancos privados e contas de private equity representam 40% das contribuições do Grupo do Leave, no valor de 50 milhões de libras esterlinas desde 2010. Desse dinheiro, pelo menos £13 milhões foram para a campanha eleitoral de 2019, comprando muitas coisas para seus doadores, incluindo o acesso direto à liderança do partido. Em setembro de 2019 o ex-chanceler conservador do erário público, Philip Hammond (University College, Oxford), escreveu no *The Times* que "[Boris] Johnson é apoiado por especuladores que apostaram bilhões em um Brexit difícil - e há apenas uma opção que funciona para eles: um não acordo de quebra que derruba a moeda e deixa a inflação em alta".

Se os comentários de Hammond estiverem corretos, isso significa que um punhado de jogadores financeiros detém o destino econômico e político da Grã-Bretanha em suas mãos. Seu estado profundo administrativo rival e os tribunais estão atualmente em seu caminho, e é por isso que foram levantadas preocupações no início de 2020, quando o governo conservador, financiado pelo fundo de hedge, jogou para baixo os planos para "fundir e empurrar" os departamentos da função pública e fazer com que os burocratas de Whitehall fizessem exames anuais. Isto veio do topo de uma promessa de Boris Johnson de reformar o sistema de justiça depois que a Suprema Corte decidiu, em setembro de 2019, que sua prorrogação no Parlamento era ilegal.

Com os estados profundos rivais indo frente a frente no pós-Brexit da Grã-Bretanha, a década de 2020 promete ser uma década interessante.

CAPÍTULO 3

O ORIENTE MÉDIO

CONFLITOS RELIGIOSOS, PETRÓLEO e disputas de fronteiras - cada um desses elementos por si próprio já garante um conflito regional, mas o Oriente Médio tem um excesso dos três e é, consequentemente, a área mais volátil na Terra. E onde há volatilidade, há estados profundos. Aqui vamos olhar para quatro países - e cinco, possivelmente seis, estados profundos - que melhor ilustram as questões que afetam esta área instável. Israel e Turquia têm seus problemas com estados profundos religiosos, enquanto esta última nação tem uma luta secular, um estado profundo de *establishment*, também. No Egito veremos quão impiedoso e desonesto um estado profundo militar pode ser, enquanto o exemplo do Irã mostra como uma nação pode fabricar e exportar com sucesso um estado profundo de redes de contatos a fim de subverter o poder dos vizinhos e rivais.

ISRAEL

A maior das muitas perguntas que Israel moderno enfrenta é o que fazer com os milhões de palestinos que vivem dentro de suas fronteiras - e onde estão essas fronteiras. Muitos israelenses apoiam os "dois estados", com os territórios autogovernados de Gaza e da Cisjordânia que servem como pátria para os palestinos. Em oposição a isto, estão aqueles que acreditam que Israel é uma só e indivisível, a Terra Prometida que lhes foi dada por Deus.

Nos últimos anos, esta questão tem destruído o velho trabalho de consenso e realinhamento das tradicionais linhas de apoio do Partido Trabalhista, de esquerda, e o do Partido Likud, de direita. Hoje, a vida política israelense consiste em uma posição central contra uma direita dividida em facções religiosas secular-nacionalistas e as ultra-ortodoxas, com cada uma dominada pelo estado profundo de interesse. A pessoa no centro deste facciosismo é o mais bem-sucedido - e, portanto, controverso – político israelense de tempos recentes. Dependendo de sua filiação política, seis vezes primeiro-ministro do Likud, Benjamin Netanyahu, é também um operador corrupto, cuja jornada, sempre em busca de votos, fez dele cativo de um estado profundo de ultra-ortodoxia, ou ele é o "Sr. Segurança", um implacável protetor de Israel sendo perseguido por uma conspiração de esquerda.

A influência dos Haredis

Como líder de um partido de direita, Netanyahu naturalmente tomou uma linha firme sobre questões relacionadas aos árabes ao reprimir protestos na Palestina e ao reprimir os direitos dos palestinos de se moverem mais livremente, ou de forma alguma, de Gaza e Cisjordânia a Israel. Mas Netanyahu foi muito além disso. Ele permitiu que os colonos israelenses da comunidade ultra-ortodoxa Haredi se mudassem para as terras designadas para Palestina, na Cisjordânia, o que levou a protestos e, inevitavelmente, a mortes. Os dois maiores assentamentos israelenses da Cisjordânia são Haredi, e os Haredis constituem 30% de todo os assentamentos. Em setembro de 2019, Netanyahu anunciou planos para anexar o Vale do Jordão - uma área que representa cerca de 22% da Cisjordânia. Isto foi condenado como uma violação da legislação internacional, um ataque aos direitos dos palestinos – e um ato descarado pelos votos dos Haredi.

Os críticos argumentam que o primeiro-ministro Benjamin Netanyahu está colocando em risco o futuro de seu país cortejando apoio entre os judeus ortodoxos da linha dura de Israel.

Mesmo para um crítico do plano de dois estados, como Netanyahu, isto foi provocador. Os eleitores preocupados do Likud começaram a desertar Netanyahu em favor de direitistas menos comprometidos religiosamente, tais como Avigdor Lieberman, cujo partido, Yisrael Beiteinu, ajudou a negar ao Likud as vitórias absolutas nas eleições gerais de abril e setembro de 2019. No final de 2019, Netanyahu estava encurralado. Sua perseguição pelos votos dos Haredi o tinha empurrado para a direita, precisamente ao mesmo tempo em que a comunidade Haredi estava se movendo ainda mais para a própria direita. Onde os Haredi já estavam, eram compostos principalmente por judeus de origem europeia Ashkenazi, que tendiam a ser mais "liberais" em sua ultra-ortodoxia e que apoiaram o Partido Unido do Judaísmo da Torá, no final da década de 2010, o movimento foi formado por uma maioria de judeus de origem sefarditas do Oriente Médio, representados pelo Partido Shas. Os Haredis que apoiam o Shas são intransigentes em suas crenças e não toleram a ideia de dois estados. Assim como um sentimento de alteridade em relação aos Gentiles, muitos Haredis nem sequer aceitam judeus seculares como seus compatriotas - e com Netanyahu tão dependente deles, podem, incessantemente, empurrar sua agenda teológica, quaisquer que sejam as implicações para o povo e para política de Israel.

Um assentamento inquieto

A crítica mais vocal a Benjamin Netanyahu e seus manipuladores do estado profundo ultra-ortodoxos veio dos militares israelenses e serviços secretos, levando as acusações de que eles próprios compreendiam um estado profundo dedicado a destruir o primeiro-ministro.

À medida que Netanyahu avançava para a direita, minando o frágil consenso de dois estados em processo, o centro da política israelense se uniu em torno de uma nova organização, o Partido Azul e Branco. Formado no início de 2019 por Benny Gantz, o ex-chefe das forças armadas de Israel, ostenta um grande número de generais em serviço ou aposentados entre seus apoiadores, entre eles, os 300 ex-militares de alto escalão, polícia e inteligência oficiais que também se juntaram a uma organização chamada Commanders para a segurança de Israel, um grupo de pressão dedicado a promover a solução de dois estados.

Para Gantz e outros centristas (ou seja, centristas em comparação com Netanyahu), somente a solução de dois estados pode garantir a sobrevivência de Israel. A maior ameaça existencial para o país não são os inimigos tradicionais como a Arábia Saudita, a Síria e o Egito, eles dizem, é demográfico. Em termos gerais, são 6,6 milhões de judeus em Israel e 2 milhões de palestinos. Há também 5 milhões de palestinos em Gaza e na Cisjordânia. Incorporar estes territórios de volta a Israel significa que o povo judeu voltará imediatamente a tornar-se uma minoria em seu próprio país. Acrescente-se a isso o conflito civil, guerra e terrorismo que inevitavelmente se seguiriam à abolição da Cisjordânia e Gaza, e é fácil ver por que os generais estão preocupados.

Benjamin Netanyahu tornou-se primeiro-ministro pela segunda vez em 2009, e durante os 10 anos seguintes ele sistematicamente deu apoio público para o consenso de dois estados, de quase 70% a menos de 50% - entre judeus e palestinos. Ele tem sido ajudado por ataques terroristas palestinos contra Israel, bem como por líderes palestinos em Gaza, recusando-se a aceitar a existência de Israel como um estado. Com a crença popular no assentamento de dois estados em declínio, os centristas sentem que o tempo está se esgotando para salvar Israel. A resposta, eles acreditam, é destruir Netanyahu - nas urnas e além delas.

Um equilíbrio inquieto

Netanyahu não desistirá sem uma luta, é claro - não uma inteiramente legal, é certo. Nas eleições gerais de abril de 2019, a primeira de duas naquele ano, os ativistas apoiadores de Netanyahu plantaram algumas 1.200 câmeras escondidas dentro de seções eleitorais em comunidades árabes. Isto foi feito em contravenção direta às regras eleitorais israelenses e foi realizado especificamente para monitorar quais partes árabes-israelenses estavam votando a favor. Enquanto Netanyahu se esquivava da história quando ela veio à tona, citando preocupações de possível fraude eleitoral como um motivo para as câmeras, foi uma revelação embaraçosa. No final, tanto o Likud de Netanyahu quanto o Partido Azul e Branco de Benny Gantz ganharam 35 assentos, o que significa que nenhum deles garantiu uma maioria parlamentar. Quando as conversações da coalizão fracassaram, Netanyahu, como estava em exercício, permaneceu como primeiro-ministro chefe de uma minoria no governo.

Nas eleições de setembro de 2019, o Likud se saiu um pouco pior, fixando 32 assentos. Embora o Partido Azul e Branco tenha ganhado 33 assentos, Netanyahu, mais uma vez, se manteve no cargo de primeiro-ministro depois das negociações da coalizão fracassarem. Esta ligeira queda do Likud pode ser indicativa de mudanças entre os eleitores israelenses que querem se distanciar da posição cada vez mais intransigente de Netanyahu. Mas, também, deve ser considerado que a eleição se realizou com Netanyahu enfrentando acusações de corrupção por tentar comprar cobertura da mídia e por receber dinheiro e presentes em troca de favores políticos. Isto também poderia ter afetado seu apoio, e se os processos contra Netanyahu forem arquivados a qualquer momento, alguns dos seus eleitores podem muito bem voltar ao rebanho.

Netanyahu afirmou que as alegações de corrupção eram parte de uma trama do estado profundo centrista para desacreditá-lo e até rotulá-lo em uma tentativa de golpe envolvendo o judiciário e a polícia. Seus próprios apoiadores, certamente, acreditaram nele, como em dezembro de 2019 Netanyahu foi reeleito como líder do Likud com 72% dos votos dos membros do partido. Em janeiro de 2020, ele também tentou persuadir o Parlamento israelense para postergar seu julgamento por corrupção para depois da eleição de março de 2020, sabendo que se ele mantivesse o cargo de primeiro-ministro ficaria imune aos processos por seu decoro parlamentar – um incentivo, se é que alguma vez existiu, para se manter no poder a todo custo. No final das contas, as eleições gerais da primavera de 2020 foram tão inconclusivas como as de 2019. O Likud saiu das urnas com 36 assentos e o Azul e Branco permaneceu estável, com 33 assentos, resultando em um acordo entre Benjamin Netanyahu e Benny Gantz para formar um governo de unidade nacional - com "Bibi" como primeiro-ministro, naturalmente.

Levando a política de Israel aos limites externos, Netanyahu tem provocado poderosas e opostas forças do estado profundo religioso, étnico e militar, que ele e qualquer outra pessoa lutará para controlar. Os centristas de Israel apontam repetidamente que Netanyahu está apenas pensando no curto prazo, em vencer qualquer eleição ou garantindo que ele permaneça fora da prisão, e que com cada renovação sua como primeiro-ministro o fim de Israel está mais próximo.

IRÃ

A história do Irã remonta há pelo menos 2.500 anos, e raramente tem sido harmoniosa. Conhecida como Pérsia até meados do século XX, era uma superpotência regional desde a antiguidade clássica até o final Idade Média. Um status que o país tenta recuperar até hoje.

Estados profundos têm desempenhado seu papel na história do Irã, particularmente no século passado, mais ou menos. Naquela época, o país passou do sofrimento nas mãos de um estado profundo para o domínio de suas próprias redes de estados profundos de empresas em todo o Oriente Médio.

A conexão britânica

No século XIX, a Grã-Bretanha mantinha seus olhos na Pérsia, que era um território estrategicamente importante pois fazia fronteira com a Índia (a parte que é hoje o Paquistão), a joia da coroa do império, e com o Afeganistão, que os imperialistas britânicos e russos escaramuçaram por controle no que era eufemisticamente conhecido como o "Grande Jogo".

Quando o petróleo foi descoberto na Pérsia, em maio de 1908, o interesse da Grã-Bretanha aumentou. O empresário inglês William Knox D'Arcy foi o homem sortudo que conseguiu o ouro negro, e foi astuto o suficiente para assinar um acordo com a Pérsia, que explorou a falta de perspicácia comercial da família real Qajar que estava no poder. Em troca de direitos exclusivos de perfuração, D'Arcy pagaria à Pérsia apenas 16% de seus lucros líquidos autodeclarados e se isentaria do pagamento de impostos e taxas alfandegárias. Ele chamou sua empresa de Anglo-

-Persian Oil Company (APOC) e, em 1914, vendeu uma participação de controle dela para o governo britânico. Nos 65 anos seguintes, a APOC foi uma presença constante, sempre bem-vinda na vida persa. Quando o povo Bakhtiari da Pérsia ocidental se opôs à APOC perfurando em suas terras ancestrais, seus líderes foram comprados com ações da empresa, enquanto o chefe tribal árabe, Shaikh O K_az'al, foi subornado para permitir o acesso da APOC ao Golfo Pérsico. Estes e outros acordos foram feitos nas costas dos governantes da Pérsia.

Quando a família real Qajar se deu conta de que tinha sido invadida, pressionou a APOC a reequilibrar seu arranjo. Isto irritou a APOC no início, mas com os persas aumentando a pressão, a paciência da empresa se rompeu e, em 1921, o regime Qajar foi removido em um golpe militar. Há algum debate a respeito do nível de cumplicidade entre a APOC e o governo britânico com a mudança de regime, mas não sem coincidência, em meados dos anos 20, a APOC havia renegociado seu contrato com os novos governantes da Pérsia em termos ainda mais favoráveis, principalmente uma extensão dos direitos de perfuração por 60 anos e uma concessão do país de renunciar a seu direito de anular o acordo.

Rompendo o acordo

Isto não quer dizer que o Irã, como o país foi renomeado em 1935, aceitou plenamente o estado profundo de domínio da APOC. Longe disso. O Irã, por exemplo, cortejou empresas petrolíferas americanas em um esforço para compensar o monopólio da APOC e o apoio às potências do Eixo na Segunda Guerra Mundial. Mas estes atos de rebeldia só trouxeram mais problemas. O ponto de crise surgiu no início da década de 1950, quando o primeiro-ministro nacionalista Mohammad Mosaddegh chegou ao poder. Em oposição a seu chefe nominal, o Xá do Irã, Mosaddegh apresentou um projeto de lei parlamentar para nacionalizar a indústria petrolífera do país. Uma APOC alarmada usou suas conexões com o governo britânico para aproximar-se da CIA e pedir-lhe que desmantelasse a causa rebelde, e a APOC confirmou que Mosaddegh tinha apoio da União Soviética. Isto devidamente ajudou, em agosto de 1953, a organizar uma tomada de poder pelo general persa Fazlollah Zahedi em uma operação conhecida pelo codinome Ajax. Curiosamente, esta foi a primeira vez que a CIA planejou e executou com sucesso um golpe de Estado, levando essa experiência na mudança de regime que efetuaram na Guatemala no ano seguinte.

Após o golpe, o Xá, que havia sido levado ao exílio por Mosaddegh, voltou ao poder e tornou-se cada vez mais uma régua repressiva, que desce com particular força sobre o crescente movimento fundamentalista islâmico em seu país. Um dos líderes religiosos que ele conduziu ao exílio foi o clérigo Ayatollah Ruhollah Khomeini, que em 1979 deveria retornar ao Irã como o chefe de um movimento revolucionário que depôs o Xá e declarou o país uma República Islâmica. A APOC, que foi rebatizada como British Petroleum, ou BP, em 1982, cortou suas perdas no Irã e transformou isso em seus estados profundos de atenções em outros lugares. O poço iraniano havia secado.

O governo do Irã nacionalizou sua indústria petrolífera em 1951 - e foi expulso dois anos mais tarde, como resultado de um golpe de estado liderado por EUA e Grã-Bretanha.

Exportando o terror

Depois de 1979, os líderes religiosos do Irã aplicaram suas experiências da APOC, o estado profundo de interferência do governo britânico e a CIA, em suas próprias operações de políticas externas. O Irã hoje é um dos principais países "exportadores" do estado profundo de infiltração do Oriente Médio, tanto para seus inimigos quanto aliados. Isto é parcialmente motivado por um desejo de administrar a influência regional dos EUA - 'o Grande Satã', nas palavras do Aiatolá Khomeini - e outros estados não-muçulmanos, como a Rússia (um aliado de algum tempo) e o Reino Unido. Mas o Irã patrocinar as influências nas desestabilizações também é um resultado de sua campanha para controlar o mundo muçulmano - ou pelo menos a parte que compartilha de suas crenças particulares.

Como o cristianismo, o islamismo não é uma religião monolítica. Seu equivalente ao facciosismo entre católicos e protestantes é a divisão entre muçulmanos sunitas e xiitas. O Irã é a maior nação xiita do mundo, seguida pelo Iraque. Todas as outras nações islâmicas são dominadas por sunitas, com o Egito, Arábia Saudita e Paquistão como os principais exemplos. O Irã se vê como o protetor do islã xiita, que é tradicionalmente radical e expansionista, enquanto a Arábia Saudita é autoproclamada guardiã de interesses sunitas mais conservadores. Mais de 90% dos muçulmanos são sunitas, então, os xiitas sempre se viram como uma minoria, mas justa, perseguida.

O assassinato de alto nível do líder militar iraniano Qassem Soleimani, em janeiro de 2020, por um ataque com drone dos EUA, expos a extensão total do "Eixo de Resistência" do Irã em todo o Oriente Médio. Desde 1998, Soleimani era o chefe das operações especiais Quds do Irã. Em mais de 22 anos ele tinha criado um enorme estado profundo de apoiadores militares, políticos, combatentes, agentes e insurgentes trabalhando para promover os interesses xiitas - e iranianos.

A lista das realizações de Soleimani é notável. Para exemplo, ele transformou o Iraque de aspirante a ser destruído pelo Irã em um estado cliente concordante, infiltrando-se no país com milícias pró-Irã e políticos após a remoção, em 2003, de Saddam Hussein do poder pelas

Qassem Soleimani, do grupo de terroristas internacionais do Irã, assassinado por um ataque aéreo dos EUA em janeiro de 2020.

forças lideradas pelos EUA. Na época em que o governo foi restaurado no Iraque, em 2005, os procuradores de Soleimani estavam na ascendência. Jalal Talibani, presidente do Iraque em 2005-14, estava firmemente no bolso de Soleimani, como têm sido todos ministros pós-2005. Cerca de 150.000 milícias filiadas ao Irã, conhecidas como Forças de Mobilização Popular (FPM), estão incorporadas ao Iraque e formaram um grupo político chamado Aliança Fatah. Tão confiante era Soleimani de seu profundo domínio estatal do Iraque e de outros lugares que, em 2008, ele se vangloriou em uma mensagem para o comando militar dos EUA no Iraque como "Eu, Qassem Soleimani, controlo a política do Irã no Iraque, Síria, Líbano, Gaza e Afeganistão".

Amigos em lugares altos

Com o Iraque sob controle, Soleimani direcionou sua atenção para a Síria, dominada pelos sunitas quando a guerra civil eclodiu lá em 2011. Seu presidente sitiado, Bashar al-Assad, não era sunita nem xiita, mas membro de uma pequena seita muçulmana conhecida como alauítas. Como as forças rebeldes, os curdos e os jihadistas do Estado Islâmico e a Al-Qaeda (ambos sunitas) se opuseram a ele, Assad aceitava receber cordialmente os combatentes do Hezbollah alinhados com os xiitas comandados na Síria por Soleimani. Estes veteranos de batalha rapidamente fizeram ganhos impressionantes contra os inimigos de Assad e, no processo, ocuparam as Colinas de Golan, na Síria. Isto deu ao Irã uma base profunda na Síria, e forneceu ao Hezbollah uma posição estratégica para lançar ataques a seu inimigo, Israel.

O Hezbollah é um cliente de longa data do Irã, que o financia com cerca de U$ 700 milhões anuais. Sediado no Vale de Bekaa, no sul do Líbano, o Hezbollah evoluiu de um grupo terrorista anti-israelense para um exército privado e partido político. Ele mantém os deputados no parlamento do Líbano e assentos no gabinete, o que lhe confere o poder de veto sobre a política governamental. Em praticamente todas as grandes decisões políticas que se faz, o Hezbollah segue a liderança do Irã. Ao infiltrar-se no Iraque, no Líbano e a na Síria a oeste, o Irã estabeleceu um arco profundo de influência em todo o Oriente Médio, que o falecido rei Hussein da Jordânia chamou de 'a crescente xiita'.

A leste, o Irã também fez incursões no Paquistão, que contém uma minoria xiita significativa de cerca de 35 milhões de seguidores, ao apoiar os combatentes anti-Talibã ao longo da fronteira do país com Afeganistão (sendo o Talibã uma seita sunita extremista que vê xiitas como infiéis dignos apenas de morte). Mais ao sul, Soleimani e o Irã praticam um jogo inteligente, porém, mortal no Iêmen, um jogo numa nação sunita instável e perturbada, cuja grande minoria xiita está em revolta contra seus governantes. Ao apoiar os rebeldes xiitas com armas e dinheiro, o Irã garantiu que seu rival regional, a Arábia Saudita, que faz fronteira com o Iêmen, fosse arrastada para um distrativo, caro e drenante conflito.

Um mestre manipulador e extremista político-religioso como Soleimani seria sempre um troféu premiado para os americanos, e sua morte deixou um enorme vácuo de poder no Oriente Médio. Mas, se isso levar ao colapso do elaborado estado profundo que ele construiu, não está claro se o que vai emergir das ruínas será melhor ou pior do que isso.

EGITO

Os militares nunca estiveram longe do poder no Egito moderno. A partir de 1952 até a revolução da "Primavera Árabe", do início de 2011, o país foi governado por governos militares ou apoiados por militares, todos liderados por homens servindo ou ex-militares das forças armadas. A revolta popular de 2011 deveria mudar tudo isso, com seu apelo por "pão, liberdade e justiça social" e um fim à corrupção e ao regime repressivo. No entanto, a história do Egito desde os protestos de 2011 é um exemplo vivo de como essas esperanças não só foram derrotadas, mas usadas pelo estado profundo militar para, em última instância, fortalecer seu domínio no poder.

Manobras militares

O ex-oficial da força aérea, Hosni Mubarak, tornou-se o presidente em 1981, após o assassinato de seu predecessor, Anwar Sadat, pelos fundamentalistas islâmicos. Durante os 30 anos seguintes, ele governou o país com dois princípios orientadores: que o exército egípcio mantivesse sua posição dominante a todo custo; e que os religiosos fundamentalistas fossem mantidos o mais longe possível da política.

O tempo de Mubarak no cargo tem sido descrito como cleptocracia, onde o presidente, sua família e uma cabala de militares de alto escalão oficiais se ajudaram com bilhões de dólares de fundos estatais. No nível cotidiano, havia o comércio favorável endêmico, o compadrio e uma forma de clientelismo que os egípcios chamam de *wasta*, ou "quem você conhece". Em todos os casos, as forças armadas estavam à frente da fila quando havia dinheiro do Estado para ser recebido. Ao lado de seu papel como defensor da segurança nacional, o exército egípcio também operava como um negócio altamente lucrativo. Empresas militares, tais como a Organização Nacional de Produtos de Serviços e a Autoridade de Engenharia das Forças Armadas, geram vastas receitas a partir de seus interesses em projetos de infraestrutura, agricultura, produtos químicos, mineração, aviação e muito mais. Todos os negócios militares são conduzidos com pouco ou sem nenhuma supervisão ou contabilidade.

O enriquecimento da elite militar egípcia significou o empobrecimento do povo. Entre 1999 e 2010, o PIB cresceu a uma taxa média anual de 5%, mas, no mesmo período, o número de pessoas que viviam abaixo da linha de pobreza subiu de 11 milhões para 21 milhões - quase um quarto da população. Portanto, quando os protestos populares exigindo democracia e liberdade se romperam no norte da África, no final de 2010, não foi surpresa que o a "Primavera Árabe" também se espalhasse para o Egito.

O efeito da Primavera Árabe

Se Mubarak pensou que seus antigos colegas militares o protegeriam, estava errado. Os protestos foram tão violentos e apaixonados que o estado profundo militar percebeu que somente a mudança de regime satisfaria os rebeldes. Quando ficou claro que as forças armadas do Egito não o apoiariam no cargo, o presidente de 82 anos renunciou com relutância, em fevereiro de 2011. Com a saída de Mubarak e as exigências dos manifestantes atendidas parcialmente, o estado profundo militar estava feliz em permitir que os eventos se desenrolassem, satisfeitos pois sua proeminente posição não estava mais sob ameaça - por enquanto.

A Primavera Árabe libertou muitos até então reprimidos grupos da sociedade egípcia, incluindo democratas, pan-arábicos, monarquistas e nacionalistas. De longe, a facção mais vocal foi a fundamentalista Irmandade Muçulmana, cujas certezas religiosas apaixonadas ressoaram em milhões de egípcios. Nas primeiras eleições presidenciais pós-Mubarak, em 2012, o candidato apoiado pela Irmandade Muçulmana, Mohamed Morsi, venceu uma batalha muito disputada, assegurando pouco menos de 52% da votação.

As forças armadas normalmente não teriam chegado a este resultado: a Irmandade Muçulmana era um grupo radical e, tecnicamente, uma organização ilegal (mas tolerada), dedicada à refundação do Egito como um estado baseado na fé. Mas Morsi foi rapidamente tranquilizar os militares, ele não tinha intenção de interferir em seus negócios, e foi fiel à sua palavra - por alguns meses, pelo menos. No entanto, quando a Irmandade Muçulmana tentou impor um controle militar e o projeto de renovação do Canal de Suez, o estado profundo foi despertado para a ação. Felizmente, ele não teve que ansiar por um pretexto para agir. Menos de um ano depois de seu mandato presidencial, Morsi estava se mostrando um líder repressivo, partidário e incompetente e, em meados de 2013, o povo tinha ido para as ruas para resistir às suas regras.

Uma campanha de mídia coordenada para minar Morsi foi iniciada pelos militares, o que também incentivou seus negócios associados para financiar uma série de partidos de oposição perturbadores. Quase da noite para o dia um movimento juvenil chamado Tamarod ("rebelião") apareceu e começou a tomar parte em protestos em massa contra Morsi. Mas, apesar de sua composição juvenil, Tamarod não era uma manifestação espontânea de adolescentes angustiados. Foi criado e financiado pelo empresário bilionário Naguib Sawiris, de 58 anos, e organizado pelo Ministério do Interior, controlado pelas forças armadas e os serviços de segurança.

Os blindados e soldados foram destacados durante o golpe militar contra o governo de Mohamed Morsi.

Mohamed Morsi foi deposto e preso em um golpe militar em 3 de julho de 2013. Centenas, possivelmente, milhares de manifestantes pró e anti-Morsi morreram no rescaldo do golpe. A Irmandade Muçulmana foi banida, levando a um ressurgimento do terrorismo fundamentalista no Egito, que continua até hoje, e a prisão de até 40.000 apoiadores da Irmandade Muçulmana, bem como centenas de execuções. O próprio Morsi morreu na prisão em junho de 2019.

O estado profundo luta de volta

Após este flerte confuso com a democracia, o estado profundo dos militares decidiu que precisava retomar o controle. Para este fim, colocaram Abdel Fattah al-Sisi, general do exército, ex-diretor do exército de inteligência e ex-ministro da defesa, como seu candidato a suceder Morsi. É instrutivo como, neste caso, os militares projetaram a vitória de Sisi como uma "suave" tomada de poder, uma técnica que, desde então, tem sido adotada por outros estados profundos, por exemplo, na Tailândia em 2019.

No dia da votação em 2014, os egípcios tiveram apenas duas opções para presidente: Sisi e Hamdeen Sabahi, da esquerda do Partido Atual Popular. Doze candidatos haviam concorrido nas eleições de 2012 vencida por Morsi, mas, com exceção do Sabahi, todos eles tinham sido "persuadidos" pelos homens de uniforme a não tentar nada desta vez. A própria campanha viu Sisi ser endeusado na mídia, enquanto Sabahi era ignorado. Manifestações anti-Sisi foram proibidas e milhares de esquerdistas e ativistas da Irmandade Muçulmana foram cercados e presos. Quando os votos foram contados, Sisi tinha garantido 97% dos votos - uma margem inédita no exterior, exceto por todas as mais corruptas repúblicas de banana sul-americanas e ditaduras africanas.

Armado com um "mandato" esmagador, Sisi iniciou incorporando os militares ainda mais profundamente ao estado por meio de novas legislações. A anódina Lei Número 32, por exemplo, retirou todas as atividades comerciais, políticas e jurídicas do escrutínio popular. Além disso, o método de fazer as nomeações governamentais foi mudado para que o ministro da defesa pudesse doravante apenas ser um oficial militar em serviço e não deveria ser escolhido por políticos, mas pelo Conselho Supremo das Forças Armadas (SCAF). As forças armadas também garantiram nomeações para muitos outros governos e, até 2018, dois terços dos 27 governadores regionais do Egito eram ex-militares.

Votem em mim!

Para sua campanha de reeleição em 2018, Sisi ofereceu mais do mesmo. Os gigantescos projetos de infraestrutura do governo tornaram-se quase exclusivos das agências militares. A mais notável ambição, alguns diriam a Ozymandian, a construção de uma nova cidade sem nome no deserto, a cerca de 50 km a leste do Cairo, pretendendo ser a nova capital administrativa do Egito (NEC). A criação do Presidente Sisi, a NEC (apelidada de "Cidade-Sisi " por seus detratores), ao completar as casas com seis milhões de pessoas, será o lar de uma grande proporção do serviço público egípcio e apresentará dezenas de milhares de escritórios, vários centros comerciais brilhantes, com ar-condicionado, um espaço verde

Uma visão da nova capital administrativa do Egito, um projeto muito caro e ambicioso que permanece inacabado, em 2020.

com o dobro do tamanho do Central Park de Nova Iorque e um parque temático maior que a Disneylândia. Com 700 km^2 (270 milhas^2), será tão grande como Cingapura.

Em resumo, o NEC representa um balde quase sem fundo de dinheiro para a organização do exército que supervisiona seu desenvolvimento. O problema é que ela não consegue encontrar investidores suficientes para construir o lugar, para o qual os custos estimados aumentaram de cerca de US$ 40 bilhões a pouco menos de 60 bilhões de dólares na última contagem. A NEC, supostamente, estaria em funcionamento no início de 2020, mas essa data chegou com apenas uma pequena proporção do local se aproximando de qualquer conclusão. A empresa estatal encarregada disso é um elefante branco potencialmente ruinoso chamada de Administrative Capital for Urban Development (ACUD), que é 51% de propriedade dos militares egípcios (a participação da minoria de 49% é controlada pelo Ministério da Habitação do país). ACUD assegurou originalmente um acordo para a Planejadores da Cidade Capital dos Emirados Árabes Unidos para financiar e executar a maior parte da construção da NEC, mas esta negociação fracassou quando as duas partes não conseguiram chegar a um consenso sobre como os pagamentos deveriam ser feitos - de acordo com alguns observadores do Egito, por não ter sido acordado um nível adequado de "recompensa" para a ACUD para a concessão do contrato. A seguir, na lista de pretendentes da ACUD, estava a China State Construction Engineerign Corpotation (CSCEC), seguida pela China Fortune Land Development Company (CFLD), então a DP de Dubai, todas as quais estiveram envolvidas em longas negociações com a agência militar - e uma com a outra - para assumir o que é um dos maiores projetos de construção e de engenharia do século, até agora.

Em termos de candidatos presidenciais rivais de 2018, como em 2014, os oponentes em potencial de Sisi caíram um a um. Ahmed Konsowa, um coronel do exército com opiniões pró-democracia, foi simplesmente encarcerado em 2017, por seis anos, após anunciar seus planos para se candidatar, enquanto o advogado e ativista de direitos humanos, Khaled Ali, foi derrubado por alegações de assédio sexual. Outro candidato, o ex primeiro-ministro Ahmed Shafiq, foi manchado como um agente turco e procurador da Irmandade Muçulmana e colocado sob prisão domiciliar. Finalmente, o General Sami Anan, um liberal visto como o oponente mais forte de Sisi, foi preso três dias após o anúncio de sua candidatura sob acusação de concorrer ao cargo sem permissão dos seus superiores do exército. Detido por dois anos, Anan só foi libertado em 2019, quando a eleição estava terminada, com segurança.

Com todos os seus oponentes em potencial presos, difamados ou publicamente humilhados, Sisi ficou com apenas um rival nas eleições de 2018: Moussa Mostafa Moussa, do minúsculo partido El-Ghad. Previsivelmente, Sisi voltou para casa com 96% dos votos.

Hoje, o estado profundo militar egípcio goza de carta branca. A justiça foi comprometida com uma nova Lei de Protesto e a Lei do Terrorismo, que permite que quase qualquer pessoa seja rotulada como uma revolucionária e julgada em tribunais militares em vez de civis, e a constituição foi reescrita para permitir ao poder judiciário dissolver o parlamento à vontade. O presidente, por sua vez, permanece fora da jurisdição dos tribunais. No caso de o parlamento tentar se afirmar, o estado profundo o preencheu com um quadro de militares, oficiais do serviço secreto e policiais. Eles compreendem cerca de 15% dos deputados, um bloco significativo e unificado em face das muitas outras partes pequenas e desunidas representadas no Parlamento egípcio.

Esta fragmentação política permite a Sisi - que não tem filiação partidária – apresentar-se como figura presidencial-monárquica acima das brigas parlamentares. Após o quase desaparecimento na Primavera Árabe e na queda de Mubarak, o estado militar profundo do Egito é, agora, muito mais controlado.

TURQUIA

Situada no cruzamento da Europa e da Ásia, a Turquia tem um problema de identidade. Quando assumiu o controle do país, em 1923, seguindo o Jovens Otomanos e os Jovens Turcos, Mustafa Kemal Atatürk queria que a recém-criada República da Turquia fosse uma nação secular, voltada para o Ocidente - o que era até o milênio, quando os partidos políticos influenciados pelo Islã começaram a exercer o poder na Turquia pela primeira vez.

Esta divisão secular-islâmica forma o pano de fundo para o estado profundo de lutas que afligem o país hoje em dia. Mas, sendo a Turquia, é mais complexo do que isso - Bizantino, pode-se dizer. Enquanto secular, o "kemalismo" ocidentalizado está em declínio como força militar e política na Turquia, em parte, reduzido por seu profundo envolvimento estatal no crime organizado, no tráfico de drogas e na corrupção, os equivalentes islâmicos que o substituíram estão igualmente comprometidos por seus abusos de poder e por divisões internas que contribuíram para o golpe militar fracassado de 2016. De acordo com o estado profundo da teoria da conspiração de escolha, este golpe foi real ou encenado, e foi lançado por kemalistas vingativos ou islamistas descontentes - ou ambos.

A Turquia olha para o oeste

Quando Atatürk morreu, em 1938, a Turquia estava no caminho certo para a ocidentalização. O vestuário religioso tinha sido banido, o uso do alfabeto latino foi aplicado e o exército foi ordenado, por lei, "proteger e vigiar a República". Era uma missão que as forças armadas processariam zelosamente, lançando golpes em 1960, 1971 e 1980, quando sentiu que os governantes do país também estavam se desviando do caminho de Atatürk para o oeste. Em cada caso, os militares eventualmente devolveram o poder aos governos civis. Eles tinham outros assuntos para serem atendidos, entre os quais, seu envolvimento em larga escala no tráfico de drogas, com seus parceiros comerciais no crime organizado.

Foi enquanto faziam campanha contra os curdos e armênios separatistas, na década de 1970, que elementos corruptos dentro da força e da hierarquia do exército notaram que as zonas de conflito que operavam também continham grande parte da produção de narcóticos da Turquia e áreas de transporte. Era um comércio com um valor estimado de US$50 bilhões por ano e o estado profundo militar desejava isso, tornando-se parceiro de alguns cartéis de drogas e iniciando "guerras sujas" contra outros. Com uma linha marginal lucrativa em narcóticos e uma classe política totalmente consciente de sua posição subserviente perante os militares, o consenso kemalista parecia resolvido.

Isto mudou em 1980, quando um forte aumento dos protestos da extrema-esquerda contra um governo de coalizão fraca provocou os militares, que aplicaram outro golpe. Normalmente, as forças armadas teriam prendido os principais manifestantes, imposto a ordem e, depois, restaurado o governo parlamentar, mas, nesta ocasião, o líder do golpe, o General Kenan Evren, viu que havia uma questão maior em jogo, a ascensão do comunismo como uma ideologia na Turquia. Sua solução para contrariar isso foi flexibilizar as rigorosas leis secularistas do país e inculcar a fé islâmica nos jovens, introduzindo aulas religiosas obrigatórias nas escolas. A junta militar de Evren também abraçou a nova economia de mercado livre que muitas nações ocidentais praticavam. Para a Turquia, isto significava permitir o acesso do mercado a empresários muçulmanos anteriormente excluídos por um grupo fechado de líderes empresariais seculares por meio de sua Associação das Indústrias e Comércio Turca (TUSIAD).

Uma figura chave que aproveitou a nova tolerância religiosa da Turquia foi o estudioso, místico e ativista Fethullah Gülen. Um fundamentalista muçulmano, ele encorajou seus muitos seguidores a se alistarem no setor militar, entrar na política, juntar-se ao serviço civil e inscrever-se no judiciário, para que pudessem islamizar a Turquia a partir de dentro. Rapidamente, Gülen planejava substituir o estado profundo kemalista por um islâmico. Normalmente, este processo teria levado décadas, mas, em meados da década de 1990, ocorreu um evento que expôs a corrupção militar e a elite governante da Turquia. Gülen acelerarou seus planos - em parceria com uma estrela em ascensão política que provaria ser seu nêmesis.

Tudo desaba

Este episódio ficou conhecido como o escândalo Susurluk e foi precedido por um acidente de carro fatal com o mesmo nome, ocorrido fora da cidade, em 3 de novembro 1996. O veículo, uma Mercedes 600 SEL, era conduzido por Sedat Bucak, um deputado e líder tribal curdo pró-Turquia. Bucak sobreviveu ao acidente, mas seus três passageiros morreram. Eles eram Hüseyin Kocadağ, chefe adjunto de polícia de Istambul, Gonca Us, uma modelo e participante de concursos de beleza, e Abdullah Çatlı, um notório militante de extrema-direita, traficante de drogas e assassino contratado. No porta-malas do carro estavam milhares de dólares americanos, várias armas, dois dispositivos de escuta, um passaporte falso para Çatlı e um esconderijo de narcóticos. Quando, mais tarde, foi revelado que os freios do carro tinham sido adulterados, a investigação do acidente se transformou em um assassinato com quadrilhas de drogas rivais, unidades militares desonestas e tortuosos políticos citados como possíveis suspeitos. A imprensa da Turquia, tentando dar sentido aos muitos detalhes curiosos do caso, inventou um novo termo para descrever as instituições e os atores envolvidos: *derin devlet*, ou "estado profundo". Embora o conceito de um estado profundo já existisse há milênios, esta foi a primeira vez que foi nomeado. A sujeira do pequeno estado profundo secreto da Turquia foi revelada ao público e, assim como aqueles mortos no acidente de Susurluk,

O radical islâmico Fethullah Gülen ajudou a acabar com o consenso kemalista da Turquia - apenas para ser ultrapassado por um aliado ocasional, Recep Erdoğan.

outra vítima do incidente foi o consenso secular kemalista que permitiu que o crime e a corrupção florescessem no estado.

Durante os anos seguintes, figuras do *establishment* implicadas em atividades de estados profundos foram desligadas do cargo - e substituídas por gülenistas prontos para impulsionar sua própria agenda islâmica de estados profundos. Nisto, a partir de 2001, eles seriam ajudados pela formação de um novo partido político islâmico, o AKP (Adalet ve Kalkınma Partisi, ou Partido da Justiça e do Desenvolvimento) liderado pelo ex-prefeito de Istambul, Recep Tayyip Erdoğan.

O jogo final de Erdoğan.

Erdoğan disse que seu partido ofereceria transparência e responsabilidade, prometendo que os detalhes do escândalo Susurluk "seriam expostos em toda a sua nudez". Ao se tornar o primeiro-ministro da Turquia, em 2002, ele lançou o que ficou conhecido como a investigação Ergenekon na rede ultranacionalista de estados profundos militares e oficiais de serviços secretos. Esta sonda foi ampliada quando os militares alegadamente tentaram organizar um golpe após a eleição presidencial de 2007, vencida pelo candidato do AKP, Abdullah Gül. Em 2012, quando a investigação de Ergenekon foi encerrada, 300 supostos conspiradores haviam sido condenados como membros de organizações terroristas ante estatais e centenas de militares de alto escalão haviam sido perseguidos fora das forças armadas. A infiltração dos gülenistas nos serviços da sociedade civil e do judiciário permitiu que eles também erradicassem os "traidores" de lá.

Até 2013, com novas eleições presidenciais a apenas um ano de distância e Erdoğan anunciando sua intenção de permanecer de pé, parecia que o sonho de Fethullah Gülen de uma tomada do poder pelo Estado liderado pelos muçulmanos estava se tornando uma realidade. Mas os gülenistas estavam prestes a ter suas esperanças frustradas. Eles tinham ajudado Erdoğan a chegar aonde ele queria estar e agora decidiram que era hora de soltar essa amarra.

Embora o AKP e os gülenistas fossem islâmicos de diferentes maneiras, eles praticavam sua fé. Para Fethullah Gülen, o Islã era uma jornada espiritual de crescimento pessoal; para Erdoğan, era uma crença conservadora que pregava a ordem e obediência - particularmente a obediência a ele. Na ideologia de Erdoğan não havia espaço para um rival em potencial como Gülen.

As relações começaram a azedar no início de 2013, quando os gülenistas se juntaram aos protestos em Istambul contra os planos aprovados por Erdoğan para fechar e reestruturar o popular Parque Gezi da cidade. O líder do AKP rebateu na retórica "pessoas acima do lucro" dos gülenistas, fechando alguns de seus acordos comerciais. As coisas evoluíram rapidamente. Os gülenistas retaliaram, divulgando detalhes de corrupção no gabinete de Erdoğan e remessas ilegais de armas para a Síria, aos quais o governo respondeu fechando escolas geridas por gülenistas e rotuladas de Hizmet, movimento político Gülen, uma organização terrorista. Erdoğan ganhou as eleições presidenciais de 2014, mas estava imediatamente em apuros. Tendo limpado os militares, a burocracia e o poder judiciário da maioria de seus elementos kemalistas de estado profundo, ele agora tinha que contar com o Estado sombra gülenista que o tinha substituído.

A tentativa de golpe militar contra Erdoğan em 2016 foi lançada por uma inquietante aliança de kemalistas remanescentes e antigos aliados gülenistas do presidente. Felizmente, para Erdoğan, a falta de coordenação entre estes dois campos causou o fracasso do golpe, apesar de ter sido uma coisa que passou bem perto. No entanto, tendo sobrevivido à rebelião, Erdoğan usou-a para efetuar um abate de seus inimigos. Cada um dos membros do judiciário da Turquia foi colocado sob investigação após o golpe fracassado. Mais de 30% dos principais generais do país foram demitidos e retidos. Mais de 115.000 pessoas perderam seus empregos ou foram suspensas, incluindo 10.000 membros das forças armadas, 3.000 juízes e promotores, e mais de 35.000 funcionários públicos. Um número semelhante de professores tive seus contratos rescindidos e cada um dos 1.577 reitores universitários foram obrigados a se demitir. Quinze universidades, 1.000 escolas particulares e mais de 1.200 instituições de caridade e fundações com supostos laços kemalistas e gülenistas foram

Uma manifestação em apoio ao Presidente Erdoğan, logo após a tentativa de golpe em 2016.

fechadas e tiveram seus bens apreendidos. Cento e sessenta meios de comunicação e editoras foram fechados. Quarenta e oito jornalistas foram presos e centenas tiveram seu credenciamento cancelado.

Em abril de 2017, o presidente Erdoğan ganhou por pouco um referendo de credenciamento nacional para alterar a Constituição da Turquia, abolir o cargo de primeiro-ministro, limitar a autoridade do parlamento e aumentar a poder do presidente. Agora, um ditador em tudo, menos no nome, Erdoğan tinha assumido e derrotado não um estado profundo, mas dois. Em última análise, Erdoğan estava menos interessado no sonho religioso dos gülenistas de restaurar o califado muçulmano na Turquia do que em reanimar seu Império Otomano como o maior poder regional do Oriente Médio. Com a vizinha Síria e o Iraque em tumulto, e Irã, um estado pária, a oportunidade está certamente lá – embora os Estados Unidos e a Rússia, para não mencionar a Arábia Saudita e Israel, sem dúvida, exigirão uma palavra final em assuntos relacionados às estratégias de Erdoğan.

CAPÍTULO 4

ÁSIA

OS ESTADOS PROFUNDOS da Ásia costumam usar uniformes, mas os militares individuais gostam de colocar seu próprio selo nas coisas. O Paquistão, por exemplo, representa um estado profundo "clássico", que usa a ameaça de intervenção militar para manter seus políticos na linha. O segredo dos governantes da Tailândia, por outro lado, foi adotar uma abordagem mais sutil por intermédio da reengenharia da máquina do governo em seu favor - e com aprovação pública. Myanmar tem visto um poderoso recuo militar no papel de dirigir o país, mas somente para que ele possa exercer poder como governo sombra e narco-estado. Quanto à Coreia do Norte, a possível existência de um estado profundo militar lá pode nos fazer reconsiderar tudo o que pensamos saber sobre este estranho e secreto país.

PAQUISTÃO

Imran Khan ser eleito primeiro-ministro do Paquistão, em agosto 2018, foi o resultado de uma campanha bem-sucedida do estado profundo militar para colocar no poder o candidato que se pensava que poderia se controlar melhor.

A história do Paquistão desde que este conquistou a independência, em 1947, é um dos períodos mais conturbados de governos civis - esquerdistas, conservadores, religiosos - intercalados com períodos de governos militares. De modo geral, o estado profundo militar do Paquistão evita o incômodo de realmente governar o país para se concentrar, em vez disso, no avanço de sua própria agenda. Ao contrário de muitos outros estados profundos, isto não significa o roubo de riquezas do erário público; o estado profundo do Paquistão está mais interessado em outras atividades. Primeiro, ele quer proteger sua posição preeminente. As forças armadas do Paquistão são a sétima maior do mundo e a única no mundo muçulmano em posse de armas nucleares. Vinte por cento do orçamento anual do país é consumido pelos militares e, como uma nação em desenvolvimento, mas ainda relativamente pobre, este é um número desproporcionalmente alto, o qual as forças armadas não estão inclinadas a ver reduzido em um único centavo. Em segundo lugar, os militares do Paquistão, em geral, e seu estado profundo, em particular, são ideologicamente comprometidos com o avanço de uma agenda anti-Índia e pró paquistanesa, a qual o governo do país não está disposto a perseguir abertamente.

Uma campanha bem-sucedida

É por isso que um playboy e ex-estrela do jogo de cricket transformado em político como um candidato a primeiro-ministro foi uma bênção tão grande para as elites militares do Paquistão. Imran Khan era um novato político que liderava um novo partido. Ao ajudar Khan a se tornar o primeiro-ministro do Paquistão, o estado profundo acreditava que ele ficaria para sempre em dívida, nas mãos deles.

Os generais do Paquistão se aproximaram das eleições de 2018 com precisão militar. Primeiro, a mídia foi intimidada a limitar sua cobertura dos oponentes políticos de Imran Khan. Embora esta ação tenha resultado em uma petição a favor da liberdade de expressão, assinada por 50 dos jornalistas mais conhecidos do país, foi um pedido (ou uma ameaça) ao qual a TV e imprensa aderiram. Em seguida, os militares visaram a Liga Muçulmana, o maior desafio eleitoral para o Movimento do Paquistão por Justiça (PMJ) de Khan. Para este fim, o ex-primeiro-ministro e líder da Liga Muçulmana, Nawaz Sharif, que permaneceu imensamente popular apesar de seu afastamento do cargo, em 2017, sob acusação de corrupção, foi preso sem cerimônias e impedido de receber visitantes.

Com a mídia amordaçada e o líder mais popular da Liga Muçulmana sequestrado, os militares declararam que supervisionariam a realização da eleição. Isto resultou em intimidação dos eleitores em seções eleitorais, urnas eleitorais ausentes nos bastiões da Liga Muçulmana e acesso negado aos observadores internacionais nas áreas marginais. Em um vídeo que circulou após a eleição, os votos para os partidos rivais foram mostrados sendo adicionados à contagem do PMJ. Para garantir duplamente uma vitória de Khan, o estado profundo também promoveu uma série de partidos políticos extremistas e marginais para dividir a votação da Liga Muçulmana, notoriamente Harkat-ul-Jihad, um grupo declarado como uma organização terrorista pela ONU.

A vitória eleitoral de Imran Khan foi modesta - um fato que também funcionou a favor do estado profundo. Khan não havia procurado o apoio do exército e, certamente, não queria ficar dependente dele, mas líder inexperiente de uma frágil coalizão governamental era exatamente a posição em que ele se encontrava.

Jogando dos dois lados

As relações do estado profundo com grupos proscritos, como Harkatul- ul-Jihad, não foi um incidente isolado. Desde os anos 80 e, talvez, anteriormente, as forças armadas do Paquistão, operando de forma desonesta com a política oficial do governo, tem fomentado e financiado grupos terroristas fundamentalistas de forma regular.

Isso começou com a invasão do Afeganistão pela União Soviética, em 1980. Alarmada com a perspectiva de tanques e mísseis russos em

O líder da Liga Muçulmana do Paquistão, Nawaz Sharif.

sua fronteira ocidental, a polícia secreta militar do Paquistão, a Inter-Service Intelligence (ISI), aliou-se à CIA para financiar e armar os rebeldes afegãos mujahedin contra os invasores soviéticos. Quando os russos finalmente saíram do Afeganistão, no final da década de 1980, o estado profundo paquistanês continuou a apoiar os grupos fundamentalistas islâmicos no país, raciocinando que eles seriam clientes úteis para cultivar um governo afegão estabelecido, tentando firmar suas próprias aspirações regionais que, sem dúvida, entrariam em conflito com os vizinhos do Paquistão.

Esta abordagem "o inimigo do meu inimigo é meu amigo" era o que o estado profundo paquistanês aplicava em outros lugares, especialmente em seus esforços para minar o poder indiano em qualquer oportunidade. Só foi trazido até o fim, e apenas temporariamente, após os ataques de 11 de setembro de 2001 e a consequente e contínua Guerra ao Terror lançada pelo Estados Unidos e seus aliados - incluindo o Paquistão - contra a Al-Qaeda, ISIS e seus muitos ramos. O líder do Paquistão em 2001 era Pervez Musharraf e, sob pressão dos americanos, ele purgou a liderança da ISI de seus elementos pró-fundamentalistas. Musharraf foi capaz de fazer isso por ele mesmo ser um homem do exército, tendo chegado ao poder em um golpe militar em 1999; é questionável se um líder civil teria dado este passo com sucesso.

No entanto, mesmo Musharraf só poderia manter a ISI na linha por um tempo. Em 2005 ele estava de volta a seus velhos truques sujos, apoiando uma milícia insurgente conhecida como a rede Haqqani, que tinha como alvo as forças da OTAN lideradas pelos EUA no Afeganistão. Mais abertamente, a ISI estava por trás de um ataque suicida à embaixada da Índia no Afeganistão em julho de 2008, que matou pelo menos 50 pessoas. Em novembro do mesmo ano, terroristas islâmicos lançaram um ataque de três dias contra Bombaim, na Índia, que um posterior relatório de inteligência dos EUA vinculou à ISI. Resultado disso foi uma ação judicial movida em 2010 por famílias de americanos vítimas contra o Tenente-General Ahmed Shuja Pasha, o chefe da ISI, por cumplicidade no ataque.

A cada ano que passou, a crença americana na confiabilidade das forças armadas do Paquistão diminuiu, atingindo finalmente o ponto de fuga com a operação 'Geronimo', de 2 de maio de 2011. Esta foi a missão da SEAL que matou Osama bin Laden em seu esconderijo em um subúrbio da cidade guarnição de Abbottabad, cerca de 60 km a nordeste de Islamabad. Temeroso que Bin Laden fosse avisado pelo estado profundo militar, os EUA lançaram o ataque sem informar o governo do Paquistão. Foi assumido, provavelmente corretamente, que a ISI já sabia do paradeiro de Bin Laden. Afinal de contas, ele tinha vivido em um complexo levemente guardado a menos de uma milha de uma academia militar paquistanesa por seis anos. Nessas circunstâncias, era compreensível que Barack Obama, ao autorizar o ataque secreto, estava mais preparado para sofrer a justa indignação do governo do Paquistão que arriscar o sucesso da missão por ser honesto com eles.

Ao preferir cultivar potencialmente grupos fundamentalistas islâmicos intransigentemente violentos, porém úteis, à Guerra ao Terror destinada a destruí-los, o estado profundo do Paquistão está jogando um jogo duplo perigoso. Embora não tenha medo de seus políticos civis, o Paquistão desconfia de retaliações por parte dos Estados Unidos. Isto significaria muito provavelmente a retirada do generoso financiamento que as forças armadas do Paquistão recebem da América, pelo menos US$ 12 bilhões desde 2011. Em última análise, o estado profundo do Paquistão está apostando nos EUA, decidindo que precisa de seu apoio.

O outro lado desta moeda é que os militares do Paquistão precisam ter cuidado com quem se associam. Nos últimos anos, alguns dos grupos terroristas que o estado profundo paquistanês tem dirigido contra os interesses afegãos e indianos voltaram suas atenções para seus antigos manipuladores e estão crescendo no poder em um Paquistão que é visto como fantoche da América. Isto, em parte, explica o apoio do exército para Imran Khan em 2018. Com um líder moderado, praticamente secular, eles podem dirigir no escritório, o profundo estado do Paquistão está procurando manter controle da direção política do país.

TAILÂNDIA

Uma vez um país onde seu monarca reinava supremo, a Tailândia está agora passando por uma transição desigual e contestada para democracia. Se, e como, chegará lá, depende de como o exército tailandês navega nesta mudança. À medida que cresce o impulso democrático na Tailândia, com a reforma e os movimentos populares ativos nas formas que antes eram impensáveis, o estado profundo militar tem sido forçado a reconsiderar a forma como enfrenta a dissidência. Antigamente, a força bruta era suficiente. Hoje, o exército está fazendo experiências com o caminho parlamentar para a dominação, com algum sucesso.

A ascensão dos militares

A Tailândia, então chamada Siam, tornou-se uma democracia parlamentar em 1932. O que impulsionou o exército de Siam a se destacar ao lado de seus políticos foi a Segunda Guerra Mundial - ou melhor, a Guerra Fria, que se quebrou imediatamente depois. Como a China, Coreia do Norte, Laos e Vietnã do Norte, todos sucumbiram a regimes comunistas insurgentes, nações livres do mundo, especialmente os EUA, recuaram. Resistente aos estados marxistas como Siam (oficialmente renomeado Tailândia em 1949), foram com dinheiro, armas e assistência militar para transformá-los em baluartes contra a crescente maré vermelha.

De repente, o exército tailandês foi um dos principais atores. Isto foi particularmente verdadeiro para uma divisão do exército tailandês conhecida como o Comando de Operações de Supressão Comunista (CSOC). Inicialmente estabelecido para combater grupos de extrema-esquerda na Tailândia, com o passar do tempo, o CSOC ampliou seu mandato para se tornar a ala política das forças armadas. Em 1974 foi redesignado como o Comando de Operações da Segurança Interna (ISOC) e recebeu os poderes que parte de seu nome implica "segurança interna". Em resumo, o ISOC era o braço executivo do estado profundo da Tailândia.

Com o apoio do dinheiro americano e com o CSOC/ISOC fornecendo o músculo, o exército tailandês nomeou-se o último árbitro na vida política do país. Tolerou o sistema parlamentarista, mas, quando sentiu

Uma reunião do Comando de Operações de Segurança Interna da Tailândia (ISOC).

que a democracia da Tailândia estava se tornando *muito* democrática, interveio, tomou o poder, purgou o parlamento e, depois, entregou - ou melhor, emprestou - o poder de volta aos políticos.

Mobilizando as massas

Os golpes em 1947, 1948, 1977 e 1991 serviram para lembrar aos líderes políticos tailandeses quem realmente estava no comando, mas a eleição de Thaksin Shinawatra, bilionário da mídia e das telecomunicações, mudou o jogo em 2001. Shinawatra era um populista expansivo e com grande apelo, especialmente entre a população rural pobre da Tailândia, e poderia, em o tempo, ter acumulado poder suficiente para ameaçar genuinamente a hegemonia dos militares. Foi, certamente, o que aconteceu em 2005, quando Shinawatra tornou-se o primeiro político tailandês eleito democraticamente para servir um mandato completo e ser reeleito.

Para o estado profundo, o sucesso eleitoral sem precedentes de Shinawatra foi uma declaração de guerra – mas, antes de remover o primeiro-ministro, os militares tinham de miná-lo. Eles fizeram isso concentrando-se sobre os extensos interesses comerciais de Shinawatra.

Uma vez que Shinawatra se tornou primeiro-ministro, ele e sua esposa, Potjaman, eram obrigados, por lei, a despojar-se de quaisquer ações nas grandes corporações que possuíam. Conhecida como Shin, era onde funcionavam as redes de telefonia móvel, estações de TV tailandesas, serviços de transmissão via satélite e outras operações de mídia. Em conformidade com a carta, mas não de boa vontade, os Shinawatras realmente se desfizeram de suas ações - para seus filhos e para o irmão de Potjaman, Banpot Damapong, um truque técnico que foi desacreditado pelos oponentes de Thaksin Shinawatra. Mais denúncias se seguiram quando foi revelado que o primeiro-ministro havia transferido milhões de dólares em ações a sua equipe, incluindo uma empregada doméstica, um guarda de segurança e um chofer. Foi lançada uma investigação e Shinawatra foi liberado no final de 2001, depois de afirmar ter cometido "um erro honesto" ao não declarar o generoso presente que havia feito a seus funcionários.

A partir daí, Thaksin Shinawatra enfrentou constantes acusações, ao ponto de sua posição política e as atividades comerciais de sua família constituírem um conflito de interesses. Isto incluía reivindicações de corrupção e negligência sobre a aprovação de um esquema de loteria em 2003 e relatava que sua empresa familiar havia se beneficiado quando o primeiro-ministro ordenou ao Banco de Exportação-Importação da Tailândia que emprestasse dinheiro a uma empresa sediada em Myanmar que precisava de financiamento para comprar uma empresa de comunicações via satélite da família de Shinawatra.

Finalmente, no início de 2006, todo o clã Shinawatra e Banpot Damapong venderam suas ações da Shin a um rival baseado em Singapura por US$ 2 bilhões. Esta foi uma vitória para o estado profundo militar, que não perdeu tempo em apontar que os Shinawatras tinham desfrutado cinco anos completos de conluio político-comercial e, em seguida, encabeçado um lucro inesperado de US$ 2 bilhões. Quase que da noite para o dia um movimento nacionalista, pró-militar e realista anti-Shinawatra, conhecido como Camisas Amarelas, surgiu para protestar em ruidosas manifestações de rua contra a suposta corrupção. Mas, apesar das aparências, os Camisas Amarelas não eram um movimento de base gerado espontaneamente; a organização foi, de fato, co-fundada pelo ex-governador de Bangkok, Major General Chamlong Srimuang. Shinawatra tinha dado ao estado profundo a desculpa necessária e, agora, este estava se mobilizando contra ele.

Protestos públicos em massa nas ruas de Bangkok encerraram a capital quando as Camisas Amarelas acusaram ruidosamente Shinawatra de corrupção, abuso de poder e - uma acusação séria na Tailândia – desrespeito ao rei. Com o primeiro-ministro devidamente conturbado,

Um protesto anti-Shinawatra dos Camisas Amarelas, em Bangkok, 2008.

o estado profundo tentou sua sorte. No final de agosto de 2006, um tenente do exército chamado Thawatchai Klinchana foi preso fora da residência de Shinawatra, em um carro contendo cerca de 40 kg (88 lb) de altos explosivos. Além de ser um oficial do exército, Klinchana tinha vínculos diretos com o estado profundo, tendo sido anteriormente o motorista do delegado diretor da ISOC, Pallop Pinmanne. Embora Shinawatra tenha lutado contra, tirando Pinmanne, por exemplo, a tentativa fracassada de assassinato só endureceu a determinação do estado profundo. Apenas três semanas depois, Thaksin Shinawatra foi expulso do cargo em um golpe militar.

Dois anos mais tarde, ele foi condenado à revelia por seu suposto envolvimento em um negócio de terras corruptas. Em tempos mais recentes, as antigas acusações a respeito do Banco de Exportação-Importação e loteria foram reavivadas contra o ex- primeiro-ministro, que agora vive no exílio em Dubai e sustenta que quaisquer alegações e condenações que sofre são todas politicamente motivadas. Qualquer que seja a verdade, a Tailândia tem um estado profundo controlador dos tribunais e parece estar particularmente obcecado com os Shinawatras, já que, em 2017, Panthongtae Shinawatra, o único filho de Thaksin, foi acusado de lavagem de dinheiro em um caso envolvendo 9,9 bilhões de baht tailandês (U$294 milhões).

Com Shinawatra fora e sua reputação manchada, o estado profundo esperava que as coisas se acalmassem. Em vez disso, um movimento antimilitar e de massa pró-Shinawatra, conhecido como Camisas Vermelhas, foi criado. Esta reação populista ao golpe de 2006 apresentou ao estado profundo militar um enigma que perduraria pela próxima década.

Tornou-se óbvio que ainda havia um trabalho do estado profundo a ser feito depois que o Partido do Poder Popular alinhado com Shinawatra ganhou a eleição geral sancionada pela junta do exército, em dezembro de 2007. Os generais reagiram acusando o Partido do Poder Popular de fraude eleitoral, o apelidaram de golpe judicial e a organização foi dissolvida pelo Tribunal Constitucional da Tailândia. Nos próximos anos, uma sucessão de governos de coalizão fraca veio e foi, enquanto o estado profundo buscava uma resposta mais eficaz para o problema do populismo.

Fazendo isso pelo livro

Quando o estado profundo inventou uma alternativa ao seu antigo "golpe e substituição" política foi necessário assumir o controle militar para realizá-lo. Em uma bela peça de drama político, a azarada primeira-ministra que saiu do cargo em maio de 2014 foi Yingluck Shinawatra, irmã de Thaksin Shinawatra. (Tendo em vista a história das forças armadas com sua família, houve pouca surpresa quando, em 2017, Yingluck Shinawatra foi condenada à revelia a uma pena de cinco anos por negligência e má gestão de um esquema governamental de subsídios ao arroz - prova, alguns diziam, de um exemplo de vingança sem fim do estado profundo contra a família que ele vê como seu rival mais poderoso).

O golpe de 2014 foi liderado pelo General Prayut Chan-o-cha e, durante os cinco anos seguintes, ele e seus aliados começaram a reorganizar o sistema parlamentar da Tailândia para tornar sua posição intocável. Primeiro, eles introduziram uma forma complicada de proporcionalidade de representação que, virtualmente, garantia o resultado de cada eleição em governos de coalizão fracos e fraturados. Em seguida, eles emendaram a constituição de modo que todos os 250 membros da casa superior do parlamento, o Senado, fossem nomeados pelos militares. Em um cuidadoso referendo administrado por fases, o estado profundo apresentou uma minuta da nova constituição para o povo. Como precaução, campanhas antialteração foram proibidas, os manifestantes foram presos no período que antecedeu a votação e os observadores independentes não tiveram acesso às zonas eleitorais no dia da votação. Embora a afluência tenha sido baixa, cerca de 55%, dois terços dos eleitores, aprovaram a nova constituição do estado.

Em março de 2019, os governantes militares da Tailândia colocaram estes novos arranjos judiciais e políticos em teste em uma eleição geral contestada por 77 partidos. O General Prayut, tendo liderado o golpe de 2014, renunciou seu papel no exército e se apresentou como candidato ao parlamento à frente do novo Partido Palang Pracharath, que levou 116 dos 500 lugares disponíveis nas casas baixas. Seu principal rival, o alinhado com os Shinawatra, Partido Pheu Thai, acumulou 136 assentos. Pheu Thai, provavelmente, teria conseguido mais deputados se a Comissão Eleitoral nomeada pelo exército não houvesse descartado as acusações de fraude eleitoral da oposição, intimidação de eleitores e contagem errônea por parte dos financiadores de Prayut. Apesar desse contratempo, Pheu Thai tentou formar um governo à frente de uma coalizão de sete partidos. A profunda coalizão controlada pelo Estado Constitucional também derrubou isto. Como planejado, a estratégia dos militares para uma tomada de póder legalizada estava se reunindo perfeitamente. O jogo final chegou quando o Senado, fortemente comprometido, foi chamado para quebrar o impasse e nomeou seu patrono Prayut Chan-o-cha como primeiro-ministro.

MYANMAR

Em 2010, após 60 anos de ditadura militar, Myanmar – ex-colônia britânica da Birmânia - começou uma transição pacífica e ordenada para a democracia. Foi aclamado como um triunfo do poder das pessoas sobre os generais, prova da imparável marcha de liberdade contra a opressão. Mais especificamente, o evento comemorativo do heroísmo e da fortaleza da dissidente mais famosa de Myanmar, a militante pró-democracia Aung San Suu Kyi.

Na realidade, 2010 não representou nenhuma dessas coisas. Ao invés disso, marcou a submersão do estado profundo de Myanmar após 60 anos de regra incontestável, um retiro para as sombras, de onde poderia dirigir mais privadamente o destino do país, sem responsabilidade.

Ocupar um lugar secundário

Como qualquer bom estado profundo, os militares de Myanmar entenderam a diferença entre governar um país e exercer o poder. A primeira é uma tarefa onerosa e, muitas vezes, ingrata, de administração sem fim e solução de problemas; esta última, é onde está a verdadeira autoridade - e onde está o dinheiro. Ao terceirizar as tarefas do governo, o estado profundo militar estava livre para se concentrar nas atividades mais lucrativas de administrar seus muitos interesses comerciais e supervisionar as negociações do comércio de drogas de Myanmar, em constante crescimento, seguro e ciente de que o governo civil do país não conseguiria levantar um dedo para detê-los.

Isto colocou personalidades como Aung San Suu Kyi em uma figurativa camisa de força. Em 2016, o adversário mais icônico dos antigos regimes militares foi nomeado como conselheiro estatal de Myanmar (uma espécie de primeiro-ministro não oficial) e logo descobriu que tinha se tornado a pessoa de frente em um regime sobre o qual tinha pouco controle, uma das razões pelas quais o venerável Prêmio Nobel da Paz de 1991 é, agora, amplamente insultado. Seu fracasso em consertar os males econômicos de Myanmar e sua inação, na melhor das hipóteses, sobre a contínua opressão do exército sobre o povo muçulmano Rohingya, de Myanmar ocidental - "um livro-texto exemplar de limpeza étnica", de acordo com a ONU - tem fatalmente minado sua posição tanto no país como no exterior.

Em retrospectiva, sua nomeação foi uma manobra inteligente por parte do profundo estado. De eleição após eleição, desde a transição de 2010, o partido da NLD, de Aung San Suu Kyi, conquistou vitórias esmagadoras, mas não foi capaz de traduzir o apoio eleitoral em ações efetivas. Os termos da transição de 2010 garantem isso. Os ministérios de defesa, assuntos internos e assuntos de fronteira, todos permanecem sob o controle do regime militar, por exemplo, enquanto 25% das cadeiras no parlamento são reservadas para as forças armadas. Isto, juntamente com os poderes de controle e coerção do estado profundo sobre as forças armadas mais amplos, impediram Aung San Suu Kyi de promulgar qualquer legislação significativamente progressiva e, ao mesmo tempo, minaram a sua reputação.

A encarnação dos "poderes mais amplos" do estado profundo é o General Senior Than Shwe. Quando ele se aposentou, em 2011, Than Shwe tinha sido o líder incontestável da junta militar dominante de Myanmar por 20 anos. Sua partida deixou um enorme vácuo de poder que apenas um homem poderia preencher: o próprio Shwe. Afinal de contas, os ditadores não se aposentam, e Than Shwe não é exceção. De sua confortável posição na capital, Naypyidaw, usando a famosa e taciturna tática geral, continua a exercer considerável influência, utilizando, sem

O poder por trás do trono de Myanmar, Than Shwe, é a encarnação do estado profundo militar.

dúvida, suas habilidades como um operador psicológico do exército, instrutor político e jogador de xadrez apaixonado. Dignitários dos países vizinhos, China e Tailândia, discutem estratégias de política externa com ele, ao invés dos líderes militares e políticos de Myanmar - incluindo Aung San Suu Kyi – que regularmente cortejam o estadista octogenário.

Com Than Shwe sendo um marionetista, com oficiais militares no parlamento e no gabinete, e tendo Aung San Suu Kyi como um escudo humano para absorver as críticas, o estado profundo de Myanmar está livre para seguir em frente com o que faz de melhor: forrar de penas o próprio ninho.

Até o final dos anos 80, Myanmar era uma república socialista, mas, em 1988, mudou abruptamente para uma política de estado capitalista. A partir desse ponto, o estado profundo se assegurou de receber sua parte de qualquer empreendimento comercial operando no país. Todas os investidores das empresas estrangeiras, por exemplo, têm que entrar em joint ventures com empresas militares, sendo uma condição prévia para fazer negócios em Myanmar. Em 1990, as forças armadas expandiram seus interesses comerciais na criação de duas grandes corporações: a Union of Myanmar Economic Holdings (UMEH) e a Myanmar Economic Corporation (MEC). Estas organizações permanecem até hoje sob controle militar e distribuem contratos lucrativos a quem apresentar a melhor oferta para grandes projetos de construção do estado, esquemas de infraestrutura e a exploração copiosa de recursos naturais de jade, borracha, madeira, petróleo e gás de Myanmar. Os subornos, ou "dinheiro do chá", são trocados livremente, e o favoritismo e o nepotismo são abundantes.

Nenhuma guerra contra as drogas

Além das incursões do estado profundo no comércio, os líderes militares de Myanmar estão fortemente envolvidos com o comércio de narcóticos. Isto garante a impunidade legal dos produtores e traficantes de drogas. Há também lavagem de dinheiro em empresas e bancos estatais, além de existir oportunidades de investimento para os barões do tráfico de drogas nas empresas comerciais controladas pelo governo. A heroína era tradicionalmente a droga de escolha dos produtores da região, mas, em tempos recentes, houve uma expansão em sintéticos, como o cristal de metanfetamina, ou gelo, exportado para China, Austrália, Japão e Coreia do Sul. De acordo com o Escritório das Nações Unidas sobre Drogas e Crime (UNODC), o narcotráfico de Myanmar vale US$60 bilhões por ano.

Um fator complicador é que as drogas de Myanmar são produzidas nas terras de fronteira do país, onde os grupos étnicos e tribais separatistas, há muito tempo, estão em guerra com o governo central, especialmente no estado selvagem e montanhoso de Shan, limítrofe da China e Tailândia. No entanto, exibindo o senso estratégico pelo o qual ele é corretamente famoso, o estado profundo de Myanmar simplesmente ofereceu-se para acabar com a luta e permitir aos insurgentes um grau de autonomia em troca de uma participação no comércio de heroína e de cristal de metanfetaminas.

Com o poder do estado profundo militar de Myanmar por trás deles, os traficantes de drogas se tornaram intocáveis. Em 2005, por exemplo, os tribunais americanos indiciaram oito narcotraficantes do estado de Shan, mas os governantes militares de Myanmar se recusaram a extraditá-los. Por que deveriam? Com o dinheiro da droga lavado nos bancos estatais (que cobra 25% de "taxa de branqueamento"), o negócio é bom demais. O dinheiro sujo também é lavado por meio de uma gama de investimentos imobiliários na qual os traficantes pagam acima do preço de mercado por propriedades e o Estado legitima a venda e embolsa a diferença. Isto é uma acusação feita, por exemplo, à Asia World Company, o maior investidor imobiliário de Myanmar. Seu presidente, Lo Ping Zhong, também conhecido como Steven Law, é procurado nos EUA pelo tráfico de drogas e lavagem de dinheiro, e é o filho de Lo Hsing Han, um dos maiores senhores da droga de Myanmar. No entanto, a Asia World Company trabalha de perto com os militares de Myanmar em muitos de seus empreendimentos imobiliários e projetos de construção. Tão comum é a legitimação do dinheiro das drogas por meio de empresas estatais que, de acordo com um especialista na região, "o diretório da Câmara de Comércio e Indústria de Myanmar compreende quem é quem no comércio de drogas".

Com tantos interesses comerciais para cuidar, não é surpresa que o estado profundo de Myanmar estivesse ansioso para renunciar ao controle do país em 2010. Para as elites militares de Myanmar, saquear o país é uma atividade muito mais gratificante do que dirigi-lo.

COREIA DO NORTE

Quando Kim Jong-un desapareceu por seis semanas, em 2014, os observadores da Coreia do Norte estavam perplexos. O Líder Supremo estava doente, ou morto? Certeza de que ele não havia sido deposto pelo exército? A família Kim tinha governado a Coreia do Norte desde 1948, construindo um culto de personalidade inexpugnável em torno de cada líder sucessivo. Oposição aos Kims simplesmente não existia.

O retorno de Kim Jong-un ao cargo, em outubro de 2014, confirmou que ele ainda estava muito vivo e no comando. Ele tinha estado doente, seu pessoal explicou. É claro que não houve nenhum golpe. A lealdade dos militares não estava em questão. Ainda...

A discórdia na família

A primeira menção a um estado profundo norte-coreano veio em 2004, com o desertor Jang Jin-sung, o antigo propagandista-chefe do país. Jang tinha sido um confidente próximo do pai de Kim Jong-un e do predecessor, Kim Jong-il. No relato de Jang, o estado profundo nasceu quando Kim Jong-il pegou um pequeno departamento administrativo dentro da burocracia das forças armadas e o transformou em sua Guarda Pretoriana. Foi chamado de o Departamento da Organização e Orientação (OGD), e Kim Jong-il alistou seus serviços pela primeira vez durante os últimos anos da ditadura de seu pai, Kim Il-sung. Kim Il-sung havia assumido o controle da Coreia do Norte em 1948, estabelecendo como o estado estalinista repressivo que permanece até hoje. Mas, no início dos anos 90, o "Eterno Presidente da República" foi se desgastando e, possivelmente, ficando senil. De acordo com Jang Jin-sung, Kim Jong-il ordenou ao OGD que colocasse seu pai em isolamento e mantivesse sua verdadeira condição ultrassecreta - não apenas do mundo exterior, mas da hierarquia militar e política do país. Quando Kim Il-sung morreu, em 1994, Kim Jong-il recompensou o OGD com poder e privilégio pelos serviços prestados. Em troca, o OGD permaneceu inabalavelmente fiel até a morte de Kim Jong-il, em 2011.

Duas correntes narrativas emergem neste ponto. Na primeira versão, Kim Jong-un substituiu seu pai como o sucessor absoluto da Coreia do Norte e governante incontestável. Na segunda, o estado profundo da história, o OGD, decidiu que Kim Jong-un, ainda na casa dos vinte e poucos anos, não era um ditador significativo e que sua hora tinha chegado. O OGD permitiu a Kim assumir o papel de líder, mas manteve o verdadeiro poder para si mesmo.

Com a Coreia do Norte sendo, talvez, a nação mais fechada na Terra, é impossível verificar qual destas histórias é verdadeira. O que está claro é que, para cada argumento que apoia a total autoridade de Kim, há um contra-argumento igualmente forte de que o OGD está realmente no comando. Considere o destino de Jang Song-thaek em 2013, apenas dois anos depois do começo do reinado de Kim. Jang era o tio de Kim por casamento e uma figura política influente. Isto também fez dele um rival em potencial e é por isso que, dizem os negadores do estado profundo, o Supremo Líder mandou executá-lo - prova, se necessário, da força e da autoridade decisiva de Kim.

O argumento oposto é que o estado profundo derrubou Jang. Afinal, por que Kim assassinaria seu próprio tio, um conselheiro de confiança e um confidente próximo de seu falecido pai? Foram os vínculos de Jang com Kim Jong-il, diz a contra história, que garantiram seu falecimento. Jang sabia onde o OGD enterrou seus corpos - e é por isso que terminou como um deles. Além disso, a remoção de Jang permitiu que o OGD apertasse seu controle sobre Kim.

Da mesma forma, na narrativa do estado profundo, o desaparecimento misterioso de Kim Jong-un por seis semanas, em 2014, não se deveu a uma doença, como alegado. Ele pode ter sido um fantoche, mas era também um Kim - e como tal, era um inimigo implacável da Coreia do Sul. Então, foi uma coincidência que, com Kim Jong-un incapacitado, em setembro de 2014, os oficiais norte-coreanos - incluindo membros do OGD - se reuniram com representantes sul-coreanos, pela primeira vez em muitos anos, e concordaram em abrir uma linha de diálogo com seus supostos inimigos? Foi do estado profundo, cansado de décadas de isolamento internacional e subdesenvolvimento, o planejamento para a paz e a reconciliação com o mundo exterior? Se fosse, Kim Jong-un, um exemplo vivo do totalitarismo norte-coreano, seria o cordeiro sacrificial ideal quando chegou a hora do país passar do estado pária a algo que se aproxima de uma democracia. Não é surpresa, então, que ele não foi convidado para as conversações secretas Norte-Sul.

Depois, há o chocante e bizarro assassinato do meio-irmão de Kim Jong-un, Kim Jong-nam, em 2017, quando ele foi publicamente envenenado no aeroporto de Kuala Lumpur, na Malásia. Kim Jong-nam havia sido designado herdeiro de Kim Jong-il antes de cair com seu pai, em 2001, e fugir para o exílio - um evento que acabou por levar Kim de Jong-un à ascensão ao poder. Enquanto Kim Jong-nam permanecesse um "rei sobre a água", argumentos do antiestado profundo, a legitimidade de Kim Jong-um seria sempre questionada. No entanto, na versão pró-estado profundo, Kim Jong-nam - o filho do ex-Líder Supremo, nada menos - foi abertamente executado como um aviso a outros desertores de alto escalão para não criticar o país. No rescaldo do ataque, vários destacados norte-coreanos exilados, incluindo Thae Yong-ho, ex-embaixador da Grã-Bretanha, de fato, se esconderam e pararam seus ataques ao Estado. Também deve ser lembrado que houve duas tentativas anteriores fracassadas de acabar com a vida de Kim Jong-nam, a primeira em 2010, um ano antes da chegada de Kim Jong-un ao poder.

Sr. Estado Profundo?

A mais fascinante "evidência" da influência do estado profundo na Coreia do Norte é a carreira de Choe Ryong-hae. Choe tem sido ativo no alto escalão da política norte-coreana desde o início dos anos 90 e dirigiu o ODG por muitos anos. É possível que ele ainda o faça. Ele já foi um associado próximo de Jang Song-thaek e de muitos outros generais norte-coreanos

Seguidor ou líder? Choe Ryong-hae pode muito bem ser o homem que realmente governa a Coreia do Norte.

e líderes partidários que, desde então, foram demitidos ou executados. Ainda assim, Choe progrediu e prosperou. No entanto, dependendo do estado profundo de sua preferência, Kim confia nele ou o teme.

Quando Kim Jong-un se viu em uma disputa com Donald Trump, em 2017, sobre o programa de desenvolvimento de mísseis nucleares da Coreia do Norte, foi Choe quem interveio e acalmou as coisas - aproveitando a oportunidade no processo para rebaixar (ou pior) vários generais influentes acusados de não apoiar de todo o coração a postura antiamericana de Kim. Entre aqueles removidos por Choe estava o General Hwang Pyong-so, um dos conselheiros de confiança de Kim e, portanto, um impedimento para Choe e a influência do estado profundo do ODG.

Sempre em ascensão, em abril de 2019, Choe foi anunciado Presidente da Assembleia Popular Suprema da República Popular da Coreia do Norte - em outras palavras, o estado profundo era agora o chefe de estado.

Uma empresa criminosa

Então, se a Coreia do Norte tem um estado profundo, o que ele faz o dia todo? Na maioria das vezes, procura formas de ganhar dinheiro.

A Coreia do Norte é um país pobre. Durante décadas, ela contou com esmolas da União Soviética para mantê-la à tona, mas a queda do comunismo depois de 1989 acabou com isso. A China também forneceu dinheiro e ajuda, mas a Coreia do Norte preferiria idealmente não depender de um único benfeitor, especialmente um grande e predador acampado em sua fronteira norte.

Além disso, uma história de mau planejamento econômico, má gestão, corrupção e asfixia das sanções internacionais significa que a Coreia do Norte é, praticamente, o último país internacional onde as empresas pensam quando decidem onde investir seu capital. Em resposta, a Coreia do Norte se transformou em um centro de excelência para o comércio ilegal. Hoje, o país é um dos principais produtores de cristal de metanfetamina, fentanil (uma potente forma de heroína sintética) e o falso Viagra. O crime cibernético é uma indústria particular em crescimento. Em 2016, por exemplo, os hackers norte-coreanos quase roubaram US$

1 bilhão da Reserva Federal dos EUA e só foram frustrados quando um funcionário de olhos de águia detectou um erro ortográfico em uma de suas autorizações falsas. Em maio de 2016, um *ransomware* norte-coreano também paralisou o Serviço Nacional de Saúde da Grã-Bretanha solicitando um resgate. Estima-se que a criminalidade patrocinada pelo Estado gera entre US$ 1 a 2 bilhões anualmente.

O departamento governamental que supervisiona toda essa atividade é conhecido como Escritório 39. Este 'ministério do crime' foi criado por Kim Jong-il, em 1994, para gerar seu próprio fundo secreto, e relatar diretamente a ele. Mas, como o ODG, pode ser que o controle do Escritório 39 tenha passado para o estado profundo em sua morte, em 2011. Como tudo na Coreia do Norte, os detalhes de qualquer ligação são opacos, mas sabemos que um dos principais agentes do Escritório 39 é Choe Song - o filho de ninguém menos que Choe Ryong-hae. Intrigantemente, Choe Song é alegadamente casado com Kim Yo-jong, uma estrela em ascensão do regime norte-coreano e a irmã de Kim Jong-un. Ela também é considerada membro do ODG, e se ela é aliada ou rival em potencial do irmão ainda está por ser visto. Pode até ser que o regime de Kim, aparentemente todo-poderoso, seja lento e furtivo, sendo substituído por uma putativa dinastia Kim-Choe. Em um país de segredos, parece que a existência do estado profundo da Coreia do Norte pode ser seu segredo mais bem guardado.

CAPÍTULO ÁFRICA

TODOS OS ELEMENTOS do estado profundo que prosperam estão presentes no continente africano, especialmente na África subsaariana, o foco deste capítulo. Existe um legado pós-colonial conturbado, subdesenvolvimento econômico, um déficit democrático, instabilidade política e recursos naturais aparentemente ilimitados a serem explorados. Isto criou uma situação em que a corrupção é comum e as filiações regionais, étnicas e tribais contam mais do que os grandes programas de filiações políticas destinados a tornar a região a potência econômica que deveria ser. Esta supressão do potencial da África acontece em benefício das corporações multinacionais e das grandes empresas com grandes interesses ali. E, como veremos com a República do Congo, Nigéria e África do Sul, é um benefício corporativo de estados profundos em particular que se entusiasmaram com o dinheiro.

O imperialismo também tem seu papel na suscetibilidade do continente e nas interferências nos estados profundos. Enquanto a Grã-Bretanha e a França são historicamente os principais culpados na África (com a Bélgica recebendo uma menção desonrosa por seu tratamento no Congo), o exemplo que veremos aqui é o colonialismo encoberto dos tempos modernos da influência da China sobre o Zimbábue.

O CONGO E O KATANGA

O país hoje chamado República Democrática do Congo está no coração da África e foi, anteriormente, uma colônia belga. Era, e ainda é, uma das principais fontes mundiais de cobre, borracha, cobalto, estanho e urânio, e para a Bélgica foi uma enorme mina a ser escavada impiedosamente. É uma das razões pelas quais a Bélgica simplesmente fez as malas e partiu quando o Congo ganhou sua independência, em 1960, fazendo pouco esforço para efetuar uma transição ordenada de império à república. A Bélgica havia perdido um bem extremamente valioso e não estava com disposição de sair com nenhuma graça.

Mas, embora a Bélgica tivesse saído da nova República do Congo, muitos belgas não o tinham feito. As grandes empresas que controlavam a indústria de mineração do Congo eram quase inteiramente de propriedade belga, e elas não estavam preparadas para deixar a independência obstruir o controle que exerciam sobre o país – ou, pelo menos, sobre a parte que era importante para eles.

O que é seu é meu

A região do Katanga, no sudeste do Congo, é onde se encontra a maior parte das reservas de petróleo e gás do país, e é também onde se encontra a maior parte das sedes das empresas de mineração geridas no exterior. A maior e mais influente era a Anglo-Belgian Union Minière du Haut-Katanga (União Mineira do Alto Katanga). Conhecida como UM, o alcance da empresa era tão grande que era praticamente um estado dentro de outro. Como a United Fruit na Guatemala, a UM construía ferrovias, operava um programa de saúde para funcionários, administrava escolas e hospitais e certificava-se de que os líderes locais estavam firmemente em seu bolso. Isto foi tão bom que a UM e as outras grandes empresas estrangeiras ficaram alarmadas quando o novo governo independente congolês começou a fazer barulho sobre a nacionalização da indústria de mineração. Com seus vastos lucros sob ameaça, a UM e seus aliados decidiram que era hora de Katanga ir por si só. Após recrutar o político local, Moïse Tshombe, como seu homem da frente, os cartéis mineiros financiaram e puseram em marcha um estado profundo de golpe que deixou o país em tumulto e resultou na morte – e, possivelmente, assassinato - do diplomata mais graduado do mundo, Secretário-Geral das Nações Unidas, Dag Hammarskjöld.

Apenas duas semanas após a República do Congo ter sido instituída, em 30 de junho de 1960, Moïse Tshombe declarou unilateralmente

Um centro de processamento de minério da Union Minière (UM), em Élisabethville (atualmente, Lubumbashi, sudeste da República Democrática do Congo), 1917.

a independência de Katanga. Isto foi seguido por parte dos vizinhos da região rica em diamantes do Kasai, separando-se do Congo como o Estado Mineiro do Kasai do Sul. Kasai era o refúgio da Forminière, outro grande grupo mineiro belga, que financiou e direcionou o movimento separatista. É difícil avaliar o efeito paralisante que estas duas secessões teriam sobre a economia do Congo. Os impostos e taxas da UM por si só eram responsáveis por mais de 50% da receita anual do Congo. As minas do Katanga forneciam 70% do cobalto mundial e 60% de seu urânio, mais notadamente para as bombas atômicas lançadas sobre Hiroshima e Nagasaki, em 1945.

Por sua vez, o governo belga apoiou ativamente os rebeldes de Katanga e Kasai. Ele enviou tropas para ajudar na guarda contra a "agitação" e ordenou que seus funcionários públicos, ainda na região, permanecessem nos postos e ajudassem a estabilizar o regime de Tshombe. Sua tesouraria foi preenchida com o dinheiro da UM, Tshombe também começou a recrutar mercenários da África do Sul, Rodésia e até mesmo do Reino Unido. Estes homens eram assassinos frios e ficaram conhecidos como *Les affreux* ("os terríveis"). Muitos eram ex-soldados da Legião Estrangeira Francesa, enquanto outros eram ex-Wehrmacht e combatentes da SS. Armas e materiais foram fornecidos pelo governo belga e pelo dinheiro da UM. A UM também viabilizou apoio logístico, permitindo o envio de armas e caças para Katanga por meio de um terminal de núcleo de cobre que controlava em Angola e, em seguida, transportados em vagões de carga que operavam nas ferroviárias da UM.

Com o apoio da Bélgica aos estados separatistas, a República do Congo apelou à ajuda internacional - e a União Soviética agradeceu, inspirada, é claro, pelo sentimento anti-imperialista, mas também, possivelmente, pelo acesso potencial a futuros muitos tipos de armas de urânio. O aumento das tensões da Guerra Fria dificultou que países como os EUA ou o Reino Unido tomassem partido, mesmo que quisessem. Ambos estavam inclinados a seguir o dinheiro e o apoio dos interesses mineiros e dos estados separatistas, mas o Katanga tinha vínculos comerciais valiosos com a Rodésia, controlada pela Inglaterra em sua fronteira, que precisava ser protegida. Assim, diante de um impasse, as Nações Unidas entraram em cena.

Você pode ganhar ou perder

Dag Hammarskjöld foi um defensor da soberania nacional e apoiou a independência e a autodeterminação congolesa. Ele era mais ambivalente sobre os movimentos separatistas, tais como os liderados por Moïse Tshombe, especialmente quando apoiados e promovido por nações imperialistas e estados profundos corporativos. A ONU já tinha emitido uma resolução, em grande parte ignorada, ordenando que todos os estrangeiros mercenários deixassem Katanga quando Hammarskjöld decidiu tomar um papel mais ativo no conflito. Em setembro de 1961, ele anunciou que estava voando para Katanga para intermediar um acordo de paz. Ele nunca chegou a fazê-lo. Seu avião caiu 14 km (9 milhas) perto de seu destino, matando Hammarskjöld e todas as outras 14 pessoas a bordo. Embora esta tenha sido uma tragédia para a ONU e para as famílias das vítimas, estava longe de ser uma má notícia para Moïse Tshombe e seus financiadores do estado profundo. Qualquer paz negociada por Hammarskjöld, certamente, teria envolvido um fim da independência do Katanga e do Kasai, seguido por um ato de aquisição do controle da indústria de mineração.

Durante anos houve especulações de que a morte de Hammarskjöld não foi um acidente, e que os interesses comerciais belgas e Moïse Tshombe estavam por trás disso. Em 2016, um agente americano aposentado da Agência Nacional de Segurança (NSA) chamado Charles Southall alegou que, na noite da morte de Hammarskjöld, ele tinha ouvido no tráfego de rádio um piloto de caça fazendo um comentário rápido enquanto abatia uma aeronave desarmada. Dada a localização do sinal do piloto, só poderia ter sido o avião de Hammarskjöld que ele estava descrevendo. Como as transcrições das mensagens de rádio completas permanecem confidenciais, a história de Southall nunca foi verificada e uma investigação oficial da ONU sobre o acidente ficou inconclusiva.

Mais claro, no entanto, foi a reação à morte prematura de Hammarskjöld. Se os cartéis de mineração e Tshombe pensaram que sua morte sabotaria as conversações de paz, estavam corretos, mas pelas razões erradas. A ONU, sob o comando de seu novo Secretário-Geral, U Thant, adotou uma linha dura com os separatistas e vigorosamente apoiou a ação militar contra os rebeldes. Em 1963, depois de muitos combates sangrentos, Tshombe foi forçado a declarar o fim da luta. Katanga foi reintegrado à República do Congo, assim como o Kasai. Este foi um enorme revés para a UM e as outras corporações belgas, e só piorou quando, em 1967, todos os seus negócios de mineração foram expropriados pelo Estado. Levou vários anos para que os belgas obtivessem qualquer compensação do Congo, e o que eles receberam não foi nada em comparação com os rendimentos futuros que haviam perdido: a UM recebeu 7,75 milhões de francos belgas contra um valor de empresa, na época, de 16,2 bilhões de francos belgas (outras estimativas apontam para um valor de até 40 bilhões de francos belgas). Mas, na época em que isto aconteceu, muita coisa havia mudado no país. Ele havia sido governado desde 1965 pelo ditador Mobuto Sese Seko, que renomeou o país de Zaire, em 1971, e permaneceu no poder até ser destituído por uma rebelião, em 1997. O estado profundo estava fora; o estado unipartidário estava dentro.

Eventualmente, porém, a UM superou esta perda. Ela direcionou sua atenção a outros mercados no Canadá, nos EUA e na América do Sul, México, Espanha e Irã, onde suas fortunas se mantiveram prósperas. No Congo/Zaire, a estatal UM foi renomeada Gécamines e, privada de sua gestão especializada baseada na Bélgica, se deu mal. Corrupção e má administração significaram que sua rentabilidade caiu em até 50% na era pós-estado profundo.

NIGÉRIA

Durante décadas, a Shell tem sido a empresa mais ativa no setor petrolífero da Nigéria - ativa demais para muitos, pois o gigante petroquímico tem sido objeto de várias investigações de corrupção e de um estado profundo de alegações ao longo dos anos. Muitos desses estão centrados na década de 1990, quando uma ditadura militar liderada pelo General Sani Abacha governava o país. Esta foi uma época de ouro de corrupção política na Nigéria. Em seus cinco anos no poder, Abacha supostamente roubou até US$ 4 bilhões dos cofres do estado e permitiu que os atores do estado profundo comprometessem os políticos da Nigéria e o pilar da economia do país. Mas a fraude e a desonestidade na Nigéria não terminaram com a morte da Abacha, em 1998, e enquanto os políticos do país vêm e vão, a Shell e outras grandes companhias petrolíferas têm sido uma presença constante e, muitas vezes, controversa.

O jogo da Shell

A Royal Dutch Shell está operando na Nigéria desde 1937, quando o território ainda fazia parte do Império Britânico. Esta conexão britânica deu à empresa anglo-holandesa acesso especial aos corredores de poder que foram mantidos desde a independência da Nigéria, em 1960. Hoje, a Shell tem um faturamento anual de petróleo e de gás nigeriano de cerca de US$ 4 bilhões, 7% de seu faturamento global. Em troca, contribui com US$ 1 bilhão em impostos, taxas e royalties ao erário público nigeriano. Qualquer ameaça a essas receitas é reprimida de forma decisiva pelo governo da Nigéria. No entanto, em um episódio notório da década de 1990, a Shell também contribuiu para a supressão da dissidência antipetrolífera.

A região sul da Nigéria, em Ogoni, ao redor do delta do rio Níger, é rica em petróleo, o que foi uma má notícia para as pessoas que viviam lá quando a Shell e outras empresas petroquímicas chegaram nos anos 70. Após anos de expropriações, as compras obrigatórias e agitação civil, o Movimento para a Sobrevivência do Povo Ogoni (MOSOP) foi criado em 1990 para organizar a resistência à influência das empresas petrolíferas. As demandas do MOSOP incluíam US$ 6 bilhões em royalties da produção anterior de petróleo e US$ 4 bilhões para os danos causados ao meio ambiente pelo derramamento de 40 milhões de litros (quase 9 milhões de galões) de petróleo no delta a cada ano, assim como a poluição e chuva ácida causadas pela queima de gás associada à extração de petróleo. Mas também houve violência, com vários ataques a

Uma refinaria de petróleo em Nembe Creek, no delta do Níger.

trabalhadores e propriedades das empresas petrolíferas. Isto fez com que a Shell e suas empresas parceiras, em 1993, cessassem toda a produção na região de Ogoni, o que foi interpretado como um sinal claro para o governo tomar medidas. Em 1995, um ano após o assassinato de quatro líderes pró-governo de Ogoni, a junta militar de Sani Abacha prendeu, julgou e enforcou nove ativistas do MOSOP pelo crime, incluindo o escritor Ken Saro-Wiwa.

As execuções provocaram um protesto internacional, sendo vistas como resultado de um julgamento de fachada para desencorajar mais uma dissidência regional. Pensava-se que a Shell estivesse envolvida na ação. Apesar de ter negado qualquer responsabilidade, em novembro de 1996, a empresa concordou em pagar um acordo de US$ 15 milhões para a família de Ken Saro-Wiwa e outros acordos contra reclamações de que tinha colaborado no julgamento e execução dos chamados Nove de Ogoni. Mais tarde, duas testemunhas de acusação do julgamento retrataram seus depoimentos e afirmaram que tinham sido subornadas pela

Shell para mentir sob juramento - uma alegação que eles repetiram em um tribunal holandês, no final de 2019, como parte de uma ação judicial contra a Shell por Esther Kiobel, a viúva de um dos Nove de Ogoni.

Em seguida, prosseguiram os apelos da Anistia Internacional, em 2017, para uma investigação criminal sobre a Shell por cumplicidade em abusos de direitos humanos, incluindo "assassinato, estupro e tortura" praticados pelos militares nigerianos na região de Ogoni. De acordo com as declarações das testemunhas publicadas no relatório *A Criminal Enterprise?* da Anistia nos anos 90, a Shell gerenciou uma equipe de policiais infiltrados, treinados pelo serviço de segurança do estado nigeriano, para realizar vigilância contra seus inimigos conhecidos nas terras de Ogoni. De interesse de verdadeiros conhecedores do estado profundo, um dos papéis vazados, adquirido pela Anistia, citou o chefe de segurança da Shell como dizendo: "Todos os dias venho trabalhar... vou telefonar para o diretor de segurança estado. Troca de informações".

De acordo com a Anistia, "a Shell estava comandando um disfarce obscuro e, então, passando informações para a unidade da agência de segurança nigeriana... As revelações mostram quão próxima e insidiosa era a relação entre a empresa petrolífera e o estado nigeriano, e a Shell tem sérias perguntas a responder".

Infiltrando o estado

Os problemas da Shell em Ogoni não foram o único incidente que apontou para sua possível influência no estado profundo. Em 2010, o Wikileaks publicou um cache de documentos que pareciam mostrar a Shell operando ativamente dentro do governo nigeriano. Os jornais revelaram que a Shell tinha inserido operadores em todos os principais ministérios do país, e até brincaram que, enquanto o governo tinha inicialmente conspirado na infiltração, as "toupeiras" estavam no lugar há tanto tempo que as autoridades estaduais tinham realmente se esquecido que elas ainda estavam lá.

Estas afirmações vieram de uma série de telegramas vazados enviados para funcionários americanos por Ann Pickard, vice-presidente da Shell para a África subsaariana, e levou a negações precipitadas por parte da empresa de que isto era realmente o caso. Em dezembro de 2010, Celestine AkpoBari, da Social Action Nigeria foi citado no jornal *Guardian* dizendo: "Shell e o governo da Nigéria são dois lados da mesma moeda. A Shell está em toda parte. Eles têm um olho e uma orelha em cada ministério da Nigéria. Eles têm pessoas na folha de pagamento em cada comunidade, e é por isso que eles se safam com tudo. Eles são mais poderosos do que o governo nigeriano". A sede em Londres do fiscalizador *Platform* concorda. "A Shell afirma que não tem nada a fazer com a política nigeriana. Na realidade, a Shell trabalha profundamente dentro do sistema e há muito tempo tem explorado os canais políticos na Nigéria para sua própria vantagem".

Um negócio muito grande

As revelações do Wikileaks vieram ao mesmo tempo que outros escândalos de corrupção surgiram - um escândalo ainda forte na época da escrita, após várias mudanças de regime e promessas oficiais de fim da corrupção.

Em 2010, a Shell e o gigante petrolífero italiano, ENI, compraram os direitos de exploração do governo nigeriano sobre os campos de petróleo marítimos de Etan e Zabazaba. Conhecidos coletivamente como OPL 245, estes campos contêm 9 bilhões de barris de petróleo - um quarto das reservas restantes da Nigéria - mais uma quantidade não especificada de gás natural. Foi um grande negócio: Shell e ENI obtiveram um novo e enorme ativo, enquanto a Nigéria recebeu US$ 1,3 bilhões. O problema foi que nada desse dinheiro foi encontrado no tesouro da Nigéria. Onde esses US$1,3 bilhões de dólares foram - e se a Shell e a ENI sabem onde foi - é o assunto de investigações legais em andamento na Nigéria, Holanda e Itália.

Em 1998, o então ministro do petróleo da Nigéria, Dan Etete, clandestinamente, transferiu a propriedade dos campos de petróleo OPL 245 para uma empresa chamada Malabu Oil & Gas. Como Etete era um coproprietário da Malabu, e na melhor das hipóteses, isto era questionável do ponto de vista ético e, na pior das hipóteses, totalmente ilegal, não foi surpresa que se fizessem perguntas quando a Shell e ENI compraram os ativos da OPL 245 e Dan Etete, subitamente, tornou-se um homem muito rico. As autoridades holandesas e italianas que investigam fraudes e a corrupção estavam suficientemente seguras em abrir uma investigação conjunta no acordo. Sem surpresas, a Shell e a ENI alegaram que não tinham ideia da disputada propriedade de Malabu sobre a OPL 245, e disse que tinha comprado os campos de petróleo do governo nigeriano de boa-fé. A polícia financeira da Holanda não estava convencida e, em fevereiro de 2016, invadiu a sede da Shell em Hague e apreendeu dezenas de documentos e outros dados. No ano seguinte, os promotores italianos entraram com um processo, mostrando que a hierarquia da Shell estava de fato ciente, apesar dos protestos anteriores, e que Malabu e Dan Etete eram os beneficiários finais do pagamento da OPL 245. Em uma audiência pública, um porta-voz da Shell explicou: "Com o tempo, ficou claro para nós que Etete estava envolvida em Malabu e que a única maneira de resolver o impasse era por meio de um acordo negociado envolvendo Etete e Malabu, quer tenhamos gostado ou não". Como a propriedade da OPL 245 era disputada por Etete e Malabu, para dizer o mínimo, isto deixou a Shell em uma posição delicada. A implicação foi que qualquer pagamento pela OPL 245 envolvendo Malabu era, por definição, impróprio.

As alegações de inocência da Shell e, especialmente, da ENI tornaram-se mais difícil de manter em setembro de 2019 quando, sob juramento, em um Tribunal de Milão, um vice-presidente executivo da Shell, Ian Craig, disse que o chefe executivo da ENI tinha se encontrado em particular com o presidente da Nigéria, Goodluck Jonathan, pouco antes do negócio da OPL 245 ser selado. Goodluck Jonathan era um velho político e amigo de Dan Etete e, como ex-governador do estado nigeriano rico em petróleo de Bayelsa, era bem familiarizado com os executivos seniores das empresas petrolíferas. O intermediário ideal, de fato.

No momento dessa escrita, as investigações sobre corrupção e conspiração em relação à venda da OPL 245 estão em andamento, mas com cada revelação das equipes de investigação holandesa, italiana e nigeriana, a linha original da Shell e ENI de que "compramos os ativos em boa-fé do estado" parece cada vez mais tênue. Quanto a Dan Etete, em 2016, a Comissão de Crimes Econômicos e Financeiros da Nigéria (EFCC) acusou-o de lavagem de dinheiro por causa da venda da OPL 245. Isto se refere à acusação de que a Shell e a ENI pagaram US$1,3 bilhão ao governo nigeriano através do Goodluck Jonathan, foi então que esse passou para Etete, que redistribuiu aproximadamente um terço de volta para Jonathan e outros altos funcionários do governo nigeriano sob a forma de subornos, emolumentos e propinas para ver o negócio da OPL 245 resolvido. Etete, vivendo no exílio em Dubai, negou as descobertas da EFCC. Na verdade, Etete, Shell, ENI e Goodluck Jonathan negam todas as acusações feitas a eles.

Em um aspecto interessante do caso, a venda da OPL 245 foi concluída poucos meses depois da Shell ter pagado U$30 milhões de acordo contra alegações anteriores de suborno na Nigéria e em outros lugares. Isso significava que a Shell precisava estar atenta agora que estava efetivamente em provação. Isso conduziu uma grande proporção de seus negócios nos Estados Unidos e, após sua pesada liquidação de casos de suborno, tem sido forçada a dar garantias ao Departamento de Justiça dos EUA que suas operações eram todas legais.

ÁFRICA DO SUL

O fim do apartheid na África do Sul, em 1994, deveria anunciar uma nova era de igualdade, oportunidade e inclusão na recém-liberada "nação arco-íris". Então, como em 2019 o Banco Mundial declarou a África do Sul como a nação mais desigual na Terra? A resposta curta é corrupção, pois a África do Sul é um estado governado exclusivamente, desde 1994, por um único partido, o Congresso Nacional Africano (ANC).

Nos últimos anos, a presidência de Jacob Zuma, 2009-2018, foi vista como a gota d'água da alta da corrupção patrocinada pelo estado. Quando Zuma foi forçado a renunciar, em 2018, a Comissão Judiciária de Inquérito sobre Alegações de Captura Estatal foi estabelecida para dissecar as ilegalidades de seu tempo no cargo. A Comissão Zondo, como é normalmente chamado o inquérito público, destacou dois grandes casos de corrupção com grandes envolvimentos de estados profundos. O primeiro caso gira em torno da empresa de logística Bosasa; o segundo diz respeito a uma das famílias mais ricas e poderosas da África do Sul, os Guptas.

A bonança de Bosasa

Bosasa era propriedade de Gavin Watson, uma antiga estrela branca do rúgbi que, junto com seus três irmãos, encontrou fama em 1976, quando começou a jogar em equipes só de negros e, depois, se juntou ao ANC. Simplificando, ele era um dos meninos bons.

Como oponentes de destaque de um regime racista, os Watsons prosperaram após o fim do apartheid, em 1994. Eles administraram várias empresas e atuaram como mentores e instrutores de uma classe crescente de empresários e empreendedores negros para um governo ávido para promover uma política de discriminação positiva conhecida como Capacitação Econômica Negra (BEE). A empresa de Gavin Watson, Bosasa, que ele adquiriu em 2000, se saiu especialmente bem da BEE, contratando predominantemente empregados negros e, em seguida, fazendo favores para seus antigos colegas do ANC, agora no governo, fazendo contratos lucrativos de trabalho. Quando o apelo para a consciência política de seus compadres antiapartheid falhou, Watson se voltou para a corrupção e entregou subornos generosos no suposto valor de US$ 5 milhões aos funcionários do governo do ANC, até, inclusive, ao presidente Jacob Zuma, que havia chegado ao poder em 2009.

Isto é o que coloca as atividades de Watson acima do cotidiano de corrupção, que é endêmica para a vida sul-africana. Ao utilizar o capital político que havia construído durante o apartheid, Gavin Watson ativou uma rede de contatos burocráticos e políticos para fazer suas licitações e promover seus interesses contra os do povo sul-africano. Quando foram feitas perguntas sobre o porquê a Bosasa era muito popular entre os departamentos de compras do governo, Watson simplesmente disse a Zuma para prender os cães, caso contrário, ele negaria mais acesso ao "Cofre de Gavin", que ficava em seu escritório na empresa e foi especialmente reservado para guardar o dinheiro do suborno.

Pelo menos, essa foi a história contada pelo ex-executivo sênior da Bosasa, Angelo Agrizzi, para a Comissão Zondo no outono de 2019. Agrizzi revelou que Watson chamou seu fundo sujo de "dinheiro de monopólio", e não porque havia muito dele, mas porque ele pretendia usá-lo para "obter o monopólio dos negócios do Estado". Em uma sala de tribunal, Agrizzi também testemunhou que um dos funcionários da Bosasa que estava envolvido era Khotso De Wee, o secretário da própria Comissão Zondo. De Wee negou as acusações, mas foi afastado do inquérito. Outros supostos envolvidos incluíam o delegado diretor do Ministério Público e o chefe de uma unidade especial para investigar Bosasa, ambos despedidos.

Outro suposto colaborador no estado profundo de Gavin Watson era Linda Mti, um antigo aliado do ANC da era do apartheid. Foi por instigação de Watson que Jacob Zuma, quando era vice-presidente, fez Mti ser o comissário das prisões em 2001? Se não, foi um pedaço de serendipidade notável que um amigo da família Watson estava agora à frente de um departamento no qual Bosasa tinha um interesse especial. Bosasa dirigia dois centros de detenção do governo quando Mti tomou sua cadeira ministerial; em questão de meses a empresa tinha ganhado os contratos de administração muito lucrativos para todas as prisões do país e seus 160.000 detentos. Mti também desempenhou, involuntariamente, um papel de estrela em uma gravação de áudio secreta feita em 2016, quando Gavin Watson foi ouvido treinando-o antes de uma reunião com o Presidente Zuma a respeito de uma investigação da Bosasa. "Agora, Sr. Presidente, você precisa fechar esta coisa", Watson instruiu Mti a dizer. Watson também prosseguiu para se gabar de que ele conseguiria que Zuma nomeasse alguém para Autoridade da Procuradoria Nacional da África do Sul, que era suscetível a seu controle. "Precisamos da pessoa certa no lugar certo", disse ele.

A imagem que emergiu da Comissão Zondo em andamento era de uma nação onde as redes de solidariedade e o apoio da era do apartheid do ANC foram transformados na era pós-apartheid em redes extralegais de extorsão econômica e subversão política. Com denúncias de irregularidades rondando, a Bosasa foi rebatizada como African Global Operations, em 2016, mas as revelações da Comissão Zondo significaram que a empresa perdeu a maior parte de seus negócios e entrou em falência. Gavin Watson não pôde comparecer à Comissão Zondo, pois o próprio, aos 71 anos de idade, morreu em um acidente de carro em agosto de 2019, possivelmente enquanto tentava fugir do país.

Um caso de família

A África do Sul é um grande país com espaço para mais de um estado profundo. Na verdade, os crimes de Gavin Watson foram pequenos em comparação com as atividades ameaçadoras do estado dos irmãos Gupta. Os supostos crimes da família são numerosos, e foram desnudados por testemunhos repetidos na Comissão Zondo.

Manifestantes protestam contra o poder de mediação dos Guptas, seu estandarte mostrando o presidente Jacob Zuma literalmente no bolso da família.

Atul, Ajay e Rajesh Gupta se mudaram do estado no norte da Índia, Uttar Pradesh, para a África do Sul em 1993, quando o país estava emergindo do apartheid, e uma nova e inexperiente classe política estava tentando refazer a nação. Os Gupta, com Ajay como sua força motriz, prosperaram na nova África do Sul, com vendas de computadores e, depois, ramificando para a mineração, indústria aeroespacial, a mídia e outras indústrias. Eles se ergueram com uma fórmula vencedora de cortejar as elites da África do Sul, organizando festas luxuosas em sua opulenta propriedade Saxonworld, perto de Johannesburg. Celebridades, estrelas do esporte e políticos eram convidados regulares dos Gupta, até mesmo Jacob Zuma, que era o vice-presidente da África do Sul quando conheceu a família, em 2002.

Zuma era um dos políticos mais controversos do país. Falador e não avesso a testar os limites da lei, foi demitido em 2005 após ter sido implicado em um caso de suborno envolvendo um empresário indiano sul-africano, Schabir Shaik. Desta vez, os Guptas já estavam cientes das tendências de supostos subornos de Zuma e tinham feito sua primeira gentileza para ele em 2003, quando contrataram o filho de Zuma, Duduzane. Embora ele fosse tecnicamente um empregado, os Guptas tratavam Duduzane como um da família. Eles lhe deram repetidas promoções e compraram propriedades para ele, incluindo um apartamento de US$ 1,3 milhões em Dubai, no Burj Khalifa, o arranha-céus mais alto do mundo.

Quando Jacob Zuma tornou-se presidente da África do Sul, em 2009, os Guptas queriam um retorno sobre seu investimento. A primeira coisa que precisavam era de ajuda para financiar o lançamento de seu jornal, *The New Age*, em 2010. O ministro da mídia, Themba Maseko, foi convocado para ver os Guptas e foi dito para fechar com eles o orçamento inteiro da publicidade estatal de mídia no valor de US$ 80 milhões. Maseko recusou e escutou de Ajay Gupta que ele "falaria com meus superiores no governo, que faria que cumprisse a ordem e me substituiria por pessoas que cooperariam mais com ele". Maseko se manteve firme e, alguns meses depois, foi demitido. O sucessor de Maseko provou ser mais amável, e o orçamento publicitário foi devidamente transferido.

Em outubro de 2010, os Guptas iniciaram outra operação para dobrar a política governamental em seu benefício. Desta vez, Ajay Gupta disse ao membro júnior do Parlamento do ANC, Vyjtie Mentor, que ele a veria nomeada como ministra da empresa pública se ela impulsionasse as políticas que beneficiassem os interesses aeroespaciais de Gupta. Mentor concordou e aceitou o trabalho, mas depois de reconsiderar, alguns dias depois, ela foi demitida sem cerimônia.

Este mesmo padrão foi seguido quando os Guptas quiseram abrir sua própria estação de notícias de TV, a ANN7. A ministra da mídia, Lulama Mokhobo, foi ordenada a vir ao Saxonworld e emitir a licença pertinente. Quando a ANN7 começou a transmissão, em 2013, foi descrita por um de seus jornalistas como uma "estação mafiosa", passando somente as propagandas aprovadas pelos Gupta. Duduzane Zuma estava no conselho de diretores do canal, e Rajesh Sundarem, o editor inaugural da estação, revelou que Jacob Zuma regularmente participava de reuniões editoriais para garantir que os boletins informativos propostos estavam suficientemente pró-governamentais. No entanto, no final, a ANN7 fazia tudo o que os Guptas e Sundarem diziam, ambos apenas faziam gracejos com os Zumas para depois desconsiderar sua contribuição.

Para dar mais brilho à reputação dos Guptas, a prestigiosa empresa de relações públicas sediada em Londres, Bell Pottinger, foi contratada a peso de ouro. Este contra-ataque foi muito forte quando a Bell Pottinger supervisionou uma grande campanha controversa nas mídias sociais, implicando que qualquer crítica aos Guptas, ou investigação sobre eles, era uma campanha de truques sujos de motivação racial orquestrada pelo "capital monopolista branco" para impor o "apartheid econômico" à África do Sul. Ao mesmo tempo, a gigante de contabilidade, KPMG, foi contratada para refutar as conclusões de uma tal investigação pelas autoridades fiscais estaduais. Isto eles fizeram devidamente em um relatório que rotulava as autoridades auditoras dos Guptas como uma "unidade desonesta". O estratagema funcionou, com vários altos funcionários fiscais forçados a se demitir.

Mas, por fim, o blefe da família foi rotulado. Eles eram desejosos de concluir um acordo para uma mina de urânio que haviam tentado comprar em 2010 (com dinheiro fornecido do governo Zuma) em ordem de entrada de dinheiro na abertura da construção de estações russas de energia nuclear na África do Sul. Durante anos, a proposta de compra das minas e os contratos da usina haviam sido objeto de investigações - e com razão, como Jacob Zuma havia especificado na parte do acordo com os russos que o urânio, combustível para suas usinas, só poderia ser fornecido pelas minas dos Guptas. Até 2015, os Guptas estavam ansiosos para acabar com o impasse. Usando sua tentativa da tática testada do emprego no governo por favores, Ajay Gupta prometeu promover o vice-ministro das finanças da África do Sul, Mcebisi Jonas, se ele demitisse funcionários do tesouro que ainda estavam fazendo perguntas sobre o acordo Rússia-urânio. Quando Jonas apontou que Gupta, como um cidadão privado, não tinha autoridade para fazer nomeações governamentais, Ajay Gupta disse-lhe: "Você deve entender que estamos no controle de tudo. [Zuma] fará qualquer coisa que lhe digamos para fazer". O estado profundo tinha, momentaneamente, vindo à tona.

Jonas recusou a oferta de Gupta e, ousadamente, expôs Ajay Gupta em público em março de 2016. Vindo de um alto funcionário do governo do ANC, a acusação de Jonas foi difícil de desfazer e a ação necessária teria que ser tomada. Ressentidos por terem seu blefe exposto, os Guptas fugiram para Dubai, onde permanecem até esse momento da escrita.

As acusações se espalharam por toda parte com outros delitos dos Gupta surgindo. Os executivos da McKinsey e da KPMG perderam seus empregos do trabalho que faziam com a família, enquanto a KPMG era também oficialmente investigada por suas ligações com os Gupta, assim como o HSBC e Standard Chartered. A Bell Pottinger, por sua vez, faliu. Jacob Zuma foi forçado a deixar o cargo em fevereiro de 2018, alegando sua inocência, e Duduzane Zuma foi preso por acusações de corrupção alguns meses mais tarde. A era dos 'Zuptas', dos Zumas e os Guptas, estava acabada.

O resultado das atividades dos Guptas foi a evisceração financeira da África do Sul. Hoje, o país tem a pior desigualdade de renda no mundo. Ao citar um motivo racial para as investigações contra eles, os Guptas também reabriram uma ferida que o fim do apartheid foi concebido para curar. Muitos brancos sul-africanos apontam a corrupção endêmica como sendo a culpa principal da má administração do governo negro do ANC, enquanto os indianos sul-africanos se veem, de alguma forma, culpados pelas ações dos Guptas. Os sul-africanos negros, por sua vez, permanecem desesperadamente pobres.

ZIMBÁBUE

Com depósitos consideráveis de carvão e minério de ferro, assim como de platina, ouro e diamantes, o Zimbábue deveria ser um país rico. No entanto, 74% dos zimbabuenses vivem na pobreza, vivendo com menos de US$ 5,50 dólares por dia e, de acordo com o maior sindicato do país, a taxa de desemprego chega a 90%. Há corrupção, é claro, entre a classe política e a classe das forças armadas especialmente, mas por trás das ilegalidades diárias, pagamentos e despojos de escritório há um estado profundo organizado no trabalho. Está permeando cuidadosa e metodicamente o país, influenciando eventos à distância e apoiando um regime que muitos outros estão relutantes em ser associados. O estado profundo do Zimbábue é a China.

Investidores do leste

A China tem cortejado nações ricas em recursos e pobres em dinheiro na África desde os anos 90, comprando influência através de grandes investimentos, projetos de infraestrutura de grande escala e desenvolvimento de negócios. No entanto, sua relação com o Zimbábue é ainda mais antiga, e está intimamente ligada à sorte do governante Partido ZANU-PF.

O Zimbábue existe como uma nação independente desde 1980. Ele surgiu da antiga colônia britânica da Rodésia do Sul, após um conflito de 16 anos entre um governo de minoria branca e dois partidos de independência de maioria negra, os socialistas União das Pessoas Africanas do Zimbábue (ZAPU), apoiados pela União Soviética, e União Nacional Africana do Zimbábue - Frente Patriótica (ZANU-PF), apoiado pela China.

Com a ZANU-PF de Robert Mugabe no comando, a China continuou sua associação com a nova nação do Zimbábue. A China estava totalmente ciente dos abundantes recursos naturais e do potencial econômico do Zimbábue e estava preparada para jogar um longo jogo, apoiando Mugabe através das muitas controvérsias de seu regime de 36 anos. Durante os anos 80 e 90, a China derramou dinheiro em mineração, agricultura, energia e construção civil do Zimbábue. No ano de 2010 foi o principal mercado de exportação do Zimbábue e foi o maior investidor estrangeiro no país. Em 2015, a empresa estatal Power Construction Corporation of China selou um contrato de US$ 1,2 bilhões para reformular a maior usina de energia térmica do Zimbábue, enquanto o Sinohydro Group da China conseguiu um contrato no valor de US$ 335 milhões para expandir outra grande central elétrica. O Zimbábue também recebeu um trio de projetos de energia solar de empresas chinesas nesse mesmo ano.

Os diamantes são para sempre

A generosidade da China sempre foi temperada por sua oposição à lei de 'Indigenização' de Mugabe, de 2008, que exigia que as empresas estrangeiras no país fossem 51% de propriedade dos zimbabuenses. Era um texto legislativo que a China nunca gostou e sempre quis revogar. E, para uma indústria chave, era um desejo compartilhado pelo exército do Zimbábue. Os diamantes eram um grande negócio no Zimbábue, e as empresas chinesas como a Anjin Investment e a Jinan Mining eram atores-chave - assim como as forças armadas do Zimbábue, que operavam uma espécie de rede de proteção sobre o comércio de diamantes. Enquanto os chineses e o exército, sem dúvida, se saíram muito bem de diamantes, a revogação da lei da Indigenização teria dado a eles ainda mais acesso ao empreendimento altamente lucrativo em uma empresa de relacionamento codependente: os chineses exigiam ao exército zimbabuense apoio e segurança para ampliar seus negócios na mineração de diamantes; o exército precisava das conexões na China e do acesso a um mercado mundial para maximizar os lucros e receber sua participação no comércio de diamantes.

Enquanto Mugabe manteve seu controle apertado sobre o poder, ambos, China e o exército tiveram que suportar as privações de não controlar 100% do mercado de diamantes do Zimbábue. Então, em 2017, sua sorte mudou quando Mugabe caiu e foi para a prisão, seu adjunto e herdeiro, Emmerson Mnangagwa, rapidamente foi para o exílio. De repente, a China foi apresentada a um potencial líder da ZANU-PF que poderia lidar com um exército insatisfeito pronto para agir, o que fez em 14 de novembro de 2017, quando, aos 93 anos de idade, Mugabe foi expulso em um golpe militar. Ele foi substituído por Mnangagwa, que passou a assumir plenos poderes presidenciais quando ganhou uma eleição disputada e, provavelmente, manipulada no ano seguinte. Embora observadores independentes e muitos estados estrangeiros questionaram

Emmerson Mnangagwa faz seu discurso de posse como presidente provisório em Harare, em dezembro de 2017, pouco depois de substituir seu antigo mentor, Robert Mugabe.

o resultado, a China declarou a eleição "pacífica e ordenada" e conclamou o mundo a respeitar "a escolha feita pelo povo do Zimbábue".

Então, a China foi cúmplice do golpe? Se foi, como qualquer outro competente estado profundo, escondeu bem as evidências. Certamente, tinha os meios para isso, motivos e oportunidades. Uma série de coincidências convenientes também apontam para o envolvimento ilícito dos chineses. Por exemplo, Mnangagwa, enquanto fugia da polícia de Mugabe, fez uma visita a Pequim apenas algumas semanas antes do golpe. Ele estava lá para buscar apoio chinês para usurpar Mugabe, perguntaram os observadores do Zimbábue? A especulação aumentou ainda mais quando foi revelado que o instigador do golpe de Estado, General Constantino Chiwenga, tinha estado na China poucos dias antes da tomada do poder pelos militares. Foi descrita como uma visita de rotina, mas o momento é, no mínimo, suspeito.

O que é claro é que, desde a queda de Mugabe, as relações Zimbábue--China melhoraram, e só melhoraram depois que Chiwenga foi nomeado vice-presidente, no final de 2017 e, em seguida, chegou o momento tão esperado, quando o presidente Mnangagwa revogou a incômoda Lei de Indigenização, em agosto de 2019.

CAPÍTULO 6

AMÉRICA CENTRAL E AMÉRICA DO SUL

A HISTÓRIA DESTA REGIÃO foi moldada pela bênção e a maldição de seus recursos naturais. Desde quando os primeiros europeus chegaram no final do século XIV, o continente tem sido visto como uma vasta fonte de pilhagem, com os maiores ou mais impiedosos exploradores se beneficiando da maioria de seus metais preciosos, minerais, borracha, produtos agrícolas e petróleo. É uma atitude que continua até hoje, criando um clima onde o poder corporativo supera o das pessoas, onde as lideranças autoritárias têm raízes mais profundas do que a democracia, e onde a estratégia das necessidades da superpotência vizinha, ao norte, tem uma influência. Em tempos mais recentes, tem permitido que os sindicatos do tráfico acumulem riquezas inimagináveis, infiltrando-se nos governos e virando várias potências regionais em 'narco-estados'.

Em resumo, a América Central e do Sul é a arena perfeita em que os estados profundos florescem. Este capítulo examina alguns dos maiores exemplos infames do trabalho do estado profundo que se encontra nesta complexa e, muitas vezes, conturbada região.

ESTADOS PROFUNDOS CORPORATIVOS

O capitalismo e a corrupção são velhos amigos. Isto é especialmente verdade onde há grandes desigualdades de riqueza entre os ricos e os não ricos, como na América Latina. A recente história do continente está repleta de exemplos de empresas comerciais que compram seu caminho para o poder e influência em face a compromissos ou regimes instáveis. Podemos legitimamente chamar estes regimes de "estados profundos corporativos".

Alguns operam abertamente, patrocinando a violência e a revolução, como a United Fruit fez na Guatemala nos anos 50; outros adotaram uma abordagem de capa e punhal, por exemplo, a ITT durante o golpe do Chile, de 1973. Finalmente, há aqueles que tomam o caminho da conspiração parlamentar, como no Brasil, cujos poderosos do agronegócio têm se infiltrado no parlamento daquele país e ditado áreas inteiras de política governamental.

Vale a pena explorar cada um desses três exemplos para realmente compreender as diferentes maneiras pelas quais os estados profundos corporativos trabalham.

GOLPE DE GUATEMALA DA UNITED FRUIT

A United Fruit foi fundada em 1899 por Minor Cooper Keith. Um nativo de Nova York que vinha ajudando a desenvolver a ferrovia da Costa Rica quando, como uma ideia comercial especulativa, começou a desenvolver as plantações de bananas para abastecer o mercado dos EUA. Ele se encontrou inundado de pedidos e, necessitando de mais terras para atender a demanda crescente, inteligentemente, fechou acordos com estados recém-emergentes, incluindo Honduras, Panamá e Colômbia para construir suas redes de ferrovia em troca de enormes extensões de terra de plantio.

Jamaica, Cuba e a República Dominicana também se enquadravam no âmbito das ambições da empresa. Os negócios floresceram.

No início do século XX, a United Fruit já havia superado a Costa Rica. Era agora El Pulpo ("o Polvo"), uma multinacional cujos tentáculos se estendiam a todos os aspectos da vida da América Central. Ignorou as leis trabalhistas locais, pagou poucos ou nenhuns impostos, geriu uma rede de espiões e executores do trabalho, e gerou uma economia maior do que muitos de seus países anfitriões: em 1930, por exemplo, a United Fruit valia US$ 215 milhões; por outro lado, o PIB da Nicarágua, onde a United Fruit tinha grandes negócios, era de US$ 127 milhões.

Em seu auge, a United Fruit empregava 67.000 pessoas e controlava milhões de acres de terra, a maior parte deles mantida em reserva – para o desagrado dos camponeses locais que, portanto, não eram capazes de cultivá-las. Para deslocar seu produto, a empresa operou 2.400 km (1.490 milhas) de ferrovia e comandou uma marinha privada, a Great White Fleet, naquele momento, a maior linha de navegação do mundo. Para garantir o bom funcionamento de seu império baseado na banana, a United Fruit também adotou uma política de suborno e coerção entre oficiais e políticos nacionais em toda a América Central.

A United Fruit também conquistou amigos poderosos nos Estados Unidos. Baseando-se em Boston, Massachusetts, ela adquiriu investidores e membros da diretoria entre as famílias mais influentes da cidade, conhecidos como os Boston Brahmins, um grupo unido que fornecia muitos dos principais servidores políticos, industriais e civis do país: a Cabot Lodges, Peabodys, Lowells, e Jefferson Coolidges. Esta era a elite americana WASP – Protestantes Brancos Anglo-Saxões no centro da política, social e vida econômica.

Nascimento da república das bananas

Bem conectada nos Estados Unidos e toda-poderosa na América Central, a United Fruit tornou-se uma lei para si mesma. Em 1910, um protesto de trabalhadores sobre uma plantação da empresa na Guatemala foi encerrado com o pagamento de agentes para linchar seu líder, sendo o chefe do grupo de linchamento contratado como superintendente em uma das fazendas. Pior ainda, quando trabalhadores da United Fruit em uma fábrica da empresa em Ciénaga, Colômbia, entraram em greve, em 1928, por melhores salários e condições, tropas governamentais, com

A magnífica entrada para um prédio da United Fruit Company, em Nova Orleans.

a aprovação da empresa, abriram fogo em uma reunião de massa dos trabalhadores. Mais de 2.000 manifestantes foram mortos.

Tal foi a associação da empresa com a sombria política da América Latina que, em 1904, o escritor americano O. Henry a usou como modelo para "Vesuvius Fruit", a empresa voraz que corrompe o país fictício da Anchuria em seu romance *Cabbages and Kings*. Henry também cunhou a frase "república das bananas" em seu livro, e ela provou ser profética. Em 1911, a United Fruit considerou, com aprovação, que outro magnata da fruta, Sam Zemurray, havia engendrado um golpe contra o presidente de Honduras após ter introduzido um projeto de lei de reforma agrária com o qual Zemurray discordou. Após remover o democraticamente eleito chefe de estado, Zemurray o substituiu por seu próprio indicado, o ex-presidente Manuel Bonilla. Como sinal de sua gratidão, Bonilla reverteu as reformas de seu antecessor, concedeu à Zemurray 35.000 hectares (86.480 acres) de terra, isentou-o do pagamento de impostos e, em um audacioso ato de duplicidade de estado profundo, permitiu que Zemurray cobrasse de Honduras a soma então astronômica de US$ 500.000, para cobrir os custos em que ele havia incorrido na encenação do golpe.

Em 1954, a United Fruit se inspirou no livro de brincadeiras que Zemurray tinha escrito quando enfrentou sua própria disputa de terras com o governo da Guatemala. A empresa possuía cerca de 40% das terras agrícolas da Guatemala, então, os sinos de alarme soaram quando o presidente do país populista e de esquerda, Jacobo Árbenz, propôs comprar compulsoriamente grande parte dessa área para dar aos camponeses sem-terra do país. A United Fruit não usava muito daquela terra de qualquer maneira, mas estava fora de questão. Sua hegemonia estava sendo ameaçada e era preciso agir.

Ao mesmo tempo, os Estados Unidos estavam alarmados com um "vermelho assustador", e tanto o Comitê de Atividades Não Americanas da Casa (HUAC) quanto o senador Joseph McCarthy estavam conduzindo audiências públicas com o objetivo de desmascarar figuras públicas e políticas com supostos simpatias comunistas. No verão de 1953, os espiões soviéticos Julius e Ethel Rosenberg haviam sido sensacionalmente execu-

O ex-presidente da Guatemala, Jacobo Árbenz, e sua esposa, em 1955, ano seguinte à sua deposição.

tados por traição após um julgamento muito divulgado. Em 12 de agosto de 1953, a URSS testou com sucesso sua primeira bomba de hidrogênio. Tudo isso pareceu ser uma realização da predição de 1949 do ex-secretário de Defesa dos EUA, James Forrestal, de que "os russos estão chegando". Sim, disse a United Fruit, e eles estão vindo para a Guatemala.

A campanha anti-Árbenz da United Fruit foi facilitada por John Forster Dulles, o Secretário de Estado dos EUA, e seu irmão, Allen Dulles, chefe da CIA. Ambos haviam sido assessores jurídicos da United Fruit e, para ligar - e compartilhar - o negócio. Enquanto isso, nas Nações Unidas, o embaixador dos Estados Unidos, Henry Cabot Lodge, fazia lobby contra Árbenz. Um puro-sangue da Boston Brahmin, Cabot Lodge, também era acionista da United Fruit e, enquanto servia no Senado dos EUA, tinha defendido publicamente a empresa. Finalmente, para os teóricos da conspiração, a secretária pessoal do Presidente Eisenhower, Anne Whitman, foi casada com o diretor de relações públicas da United Fruit.

Em 1954, a United Fruit estava minando Jacobo Árbenz por um momento. Depois que ele foi eleito, em 1951, a empresa tinha começado a organizar missões de 'busca de provas' na Guatemala, alimentando histórias de jornalistas amigos sobre os planos de Árbenz de transformar o país em um paraíso de trabalhadores no estilo soviético. Enquanto isso, o fervoroso jornalista anticomunista John Clements foi contratado para criar as 235 páginas e, em grande parte, fictício, *Report on Guatemala*, que detalha a infiltração marxista no governo da Guatemala e reivindica que Árbenz pretendia aproveitar o Panamá como importante canal estratégico. Uma cópia do *Report* foi enviada a cada membro do Congresso americano e a um seleto grupo de formadores de opinião nacionais.

Em paralelo, a Agência de Informação dos Estados Unidos (USIA), um órgão oficial do governo, produziu o panfleto *Chronology of Communism in Guatemala* e publicou três documentários anti-Árbenz para difusão em toda a América Latina. A CIA aderiu ao criar *La Voz de la Liberacion* ("A Voz da Libertação"), uma estação de rádio que encorajou o povo da Guatemala a se levantar e derrubar seu presidente.

No entanto, os guatemaltecos comuns não precisavam derrubar qualquer pessoa. A United Fruit e a CIA fizeram isso por eles. O pretexto para a remoção de Árbenz foi o preço pelo qual ele pagou à United Fruit por suas terras expropriadas. Embora tenha sido um valor generoso, de US$ 2,86 o acre (a United Fruit pagou US$ 1,48), a United Fruit reivindicou que o terreno valia US$ 75 por acre. Como Árbenz recuperou cerca de 386.901 acres, isto significou um déficit de quase U$ 30 milhões. A empresa apresentou uma fatura para este valor ao governo guatemalteco, acompanhada por uma ameaçadora carta do Departamento de Estado dos EUA afirmando que a avaliação de Árbenz não teve "a menor semelhança com uma simples avaliação". Quando Árbenz se recusou a pagar, a United Fruit e a Operação Sucesso, ativada pela CIA, deram o golpe para derrubar o governo da Guatemala, em 18 de junho de 1954.

Apenas nove dias depois, Árbenz havia sido deposto por uma coalizão de exilados descontentes, agentes da CIA, mercenários pagos e elementos cúmplices do exército guatemalteco. O substituto de Árbenz,

Coronel Carlos Castillo Armas, durou pouco mais de um ano antes de ser assassinado. Em 1960, a Guatemala havia entrado em um período de 30 anos de guerra civil que deixou 200.000 pessoas mortas e um quarto de milhão desalojadas. Sem se preocupar, a United Fruit passou a desfrutar de 90% do mercado guatemalteco de banana pelo resto do século. Desnecessário será dizer que as reformas agrárias de Árbenz foram silenciosamente arquivadas.

Novas marcas, velhos hábitos

Nos anos 70, a United Fruit havia se fundido com outra empresa de alimentos, AMK, para se tornar a United Brands Company. No entanto, apesar do novo nome, velhos hábitos dificilmente morreriam. Em 1974, o chefe executivo da United Brands, Eli Black, foi pego subornando o presidente de Honduras, Oswaldo López Arellano. Black respondeu atirando-se do 44º andar do Edifício Pan-Am, em Nova York, enquanto Arellano foi deposto em um golpe militar. Exatamente como velhos tempos.

No início dos anos 80, a empresa mudou de mãos mais uma vez, renomeando-se como Chiquita. Em 2007, voltou às manchetes, quando a Chiquita foi esbofeteada com uma multa de US$ 25 milhões do Departamento de Justiça americano depois de admitir o pagamento de dinheiro de proteção na Colômbia para a AUC, um grupo paramilitar de direita proibido, ligado aos cartéis de cocaína do país. Em uma bela peça histórica da simetria que remete aos dias de glória dos irmãos Dulles, o acordo entre Chiquita e o Departamento de Justiça dos EUA foi mediado pelo advogado de alto escalão da empresa, Eric Holder, que passou a servir como advogado geral de Barack Obama em 2009-15.

A multa do Departamento de Justiça à Chiquita foi seguida, em 2016, por uma ação processual devido à morte injusta lançada pelas famílias de cinco missionários cristãos e um geólogo assassinados por outro grupo paramilitar proibido colombiano, as FARC, que havia recebido dinheiro de proteção pago pela Chiquita. Ao mesmo tempo, o procurador-geral da Colômbia também processou 13 executivos da Chiquita por seus vínculos com as FARC.

CHILE: O GOLPE DA ITT

Ao contrário da Guatemala, o Chile não era uma república de banana flagelada pela corrupção. Esticando-se em 4.270 km (2.653 milhas) ao longo das linhas altas dos Andes, o Chile tem um clima que se refletia em seu caráter - frio e temperado. Até que, aos 65 anos de idade, Salvador Allende, chegou ao poder, em 1970.

Um marxista confesso, como muitos líderes sul-americanos, Allende foi crítico de vastas corporações e potências estrangeiras que despojavam de seu país e do capital exportador para o exterior no que chamava de "doutrina de lucros excessivos". Seu plano para o Chile envolvia a nacionalização de várias indústrias-chave para recuperar algumas de suas riquezas.

De todas as multinacionais que operavam no Chile, incluindo PepsiCo, Ford e Chase Manhattan Bank, a gigante de telecomunicações International Telephone & Telegraph Corporation (ITT) liderou a resistência. Eles começaram sua campanha "pare Allende" antes das eleições de 1970. John McCone, um executivo sênior da ITT, também havia sido diretor da CIA em 1961-65, e abriu uma linha de contato entre seu novo empregador e seu antigo. Em uma audiência posterior ao golpe no Congresso dos EUA, McCone revelou ter oferecido aos EUA US$ 1 milhão dos fundos da ITT para usarem "como achassem melhor" contra Allende.

Quando essa tentativa falhou e Allende venceu a eleição, o Presidente Richard Nixon deu aos serviços secretos US$ 7 milhões para facilitar a remoção de Allende. "Tudo é justo no Chile", disse Nixon ao seu conselheiro nacional de segurança, Henry Kissinger. "Deem-lhes um pontapé no traseiro, OK?" Nixon estava particularmente receptivo às preocupações da ITT, pois era um cliente de seu antigo escritório de advocacia e permaneceu com bons contratos quando seu presidente e chefe executivo, Howard Geneen, foi promovido, e havia jantado a bordo do *Sequoia*, o iate presidencial. Em troca, a ITT patrocinou a Convenção Nacional Republicana de 1972, com custo entorno de U$ 400.000. A empresa pode muito bem ter esperado uma troca de favores de Nixon quando Allende voltou sua atenção para a ITT, depois de nacionalizar as minas de cobre e nitrato do Chile, que eram operadas pelos grupos Anaconda e Kennecott, de propriedade americana.

Um movimento clássico

A Chilean Telephone Company (CHITELCO) foi um prêmio dos ativos da ITT, gerando lucros anuais de US$ 60 milhões. Quando as discussões sobre a transferência de suas propriedades para o Estado começaram, imediatamente bateram em um obstáculo. Como nas terras da United Fruit na Guatemala, as duas partes não conseguiram chegar a um acordo sobre uma valoração. A ITT disse que a CHITELCO valia US$ 153 milhões; o governo ofereceu US$ 24 milhões. Decidindo que a continuação das negociações era inútil, a ITT acelerou a campanha secreta para remover o regime de Allende.

Testemunhando perante o mesmo comitê pós-golpe que John McCone, o vice-presidente sênior da ITT, Edward J. Gerrity, detalhou como ele e os agentes da CIA usaram o dinheiro sujo do fundo de US$ 7 milhões do Presidente Nixon para pagar agitadores para fomentar greves debilitantes e agitações industriais entre os caminhoneiros, motoristas de táxi e comerciantes do país, desgastando o apoio ao regime de Allende. Era um movimento clássico do estado profundo: incentive uma agitação popular, depois, cite essa agitação como seu motivo para surfar em apoio à "vontade do povo". Além das greves financiadas, a ITT também derramou dinheiro no *El Mercurio*, um jornal de direita chileno, cujas temáticas editoriais contra Allende ajudaram a criar um clima de medo e repugnância.

Chamada Operação Fubelt, o golpe de Estado, quando chegou, foi rápido. Começou às 7h00 de 11 de setembro de 1973, com a coordenação rebelde naval, a força aérea e o exército contra posições estratégicas. As redes de rádio e TV foram fechadas e o palácio presidencial, com Allende dentro, foi atacado. Às 14h30, o governo tinha caído e Allende estava morto. As circunstâncias não são claras, mas o consenso é que ele atirou em si mesmo com uma espingarda AK-47 dada a ele por Fidel Castro.

O General Augusto Pinochet emergiu do golpe de estado como o novo líder. Durante os 17 anos seguintes, ele governou como ditador militar, rachando a dissidência, permitindo que as empresas exploradoras operassem com impunidade, forrando seus bolsos e mantendo-se nos bons livros americanos. Pelo menos 3.000 pessoas foram mortas sob o

O Palácio Presidencial no Chile em chamas durante o golpe de 1973, financiado pela CIA e pela ITT.

governo de Pinochet e quase 30.000 chilenos passaram por torturas do governo administrativo. Quanto às empresas cujos bens haviam sido expropriados, tais como Anaconda, Kennecott e ITT, Pinochet compensou todas elas na íntegra.

BANCADA NO BRASIL

A história moderna do Brasil é um dos curtos períodos de democracia intercalados com golpes de Estado, ditaduras militares e agitação civil. Esta instabilidade deixou o país vulnerável tanto para a política "diária" de corrupção quanto para a manipulação mais difundida no mãos de poderosos grupos de interesse.

Não menos importante, é um cartel de gigantescas empresas de mineração e agronegócios internacionais conhecido como a bancada ruralista. Ela financia cerca de 40% dos políticos do Brasil, enviando-lhes para o Congresso Nacional em Brasília para representar seus interesses através de uma convenção de partidos chamado de Frente Parlamentar Agrícola e Pecuária. Mais do que um grupo de lobby, a bancada ruralista é um enclave profundo no coração do parlamento brasileiro. Ela protege politicamente seus interesses de duas formas principais: colocando seus representantes em postos-chave do governo e pela sistemática corrupção de funcionários do Estado.

Um exemplo da primeira abordagem é a nomeação de Blairo Maggi como ministro da agricultura durante a presidência de Michel Temer, e2016-18. Maggi era o proprietário bilionário do Grupo Amaggi, o maior produtor mundial de grãos de soja e, por cortesia do Greenpeace, o ganhador do prêmio Golden Chainsaw 2006 por sua contribuição para a profanação da floresta tropical brasileira em busca de mais terra para plantar suas colheitas. O Brasil possui um terço dos grãos de soja do mundo, exportando a maior parte deles à China, e a safra responde por quase um quarto do PIB do país. A elevação de Maggi ao posto estratégico

Blairo Maggi foi nomeado Ministro da Agricultura em 2016, assim ele poderia proteger os interesses de sua empresa da regulamentação.

da agricultura não foi, portanto, coincidência; ele foi colocado lá para proteger e promover os interesses dele e de seus colegas do agronegócio. Até mesmo quando Maggi foi substituído, em 2019, era simplesmente uma transferência, sendo a nova ministra Tereza Cristina Dias, anteriormente líder da bancada no parlamento.

Quanto ao estado profundo que corrompe seu caminho para o poder, as atividades da processadora de carnes JBS é um arquétipo. Os abates da JBS chegam a 13 milhões de animais por dia e geram receitas anuais de US$ 50 bilhões. Tudo o que ela faz é em grande escala, incluindo suas malfeitorias. Em 2017, a JBS recebeu uma das maiores multas da história corporativa global - US$ 3,2 bilhões - após admitir o suborno mais de 1.800 políticos ao longo de vários anos, em torno de US$ 250 milhões. "Era a regra do jogo... A corrupção era no andar superior, com as autoridades", disse Joesley Batista, coproprietário da JBS. Ele admitiu isto depois que conversas gravadas secretamente chegaram ao público, nas quais ele e o então presidente Michel Temer discutiam quem e quanto subornar em várias posições governamentais.

Bolsonaro no poder

Por um breve momento, no início de 2019, muitos brasileiros pensaram que as coisas estavam mudando. Isto foi depois que eles elegeram Jair Bolsonaro como presidente, um dissidente e imprevisível político de fora, no molde de Donald Trump.

Como Trump, Bolsonaro era um protecionista, um defensor das tarifas comerciais e tinha a abordagem "meu país primeiro" nos negócios. Pelo menos, foi até tomar posse. Apenas semanas depois de sua administração, Bolsonaro tornou-se um liberal econômico que renasceu novamente, abraçando comércio livre, cortes nos impostos corporativos e privatização da propriedade do estado de empresas petrolíferas e de serviços públicos, Petrobras e Eletrobras, bem como o banco estatal, Banco do Brasil. Enquanto isto contradizia completamente as antigas crenças de Bolsonaro, harmonizava perfeitamente com os desejos da bancada ruralista e de seus parceiros comerciais nos EUA, como as gigantescas corporações de processamento de alimentos e transporte Cargill, Bunge e ADM.

Uma demonstração de apoio à Operação Lava Jato, em São Paulo, 2015. O ambicioso esforço anticorrupção se viu frustrado pelo estado profundo, novamente.

A prova de que Jair Bolsonaro estava firmemente na facção da bancada veio em agosto de 2019, quando começou a "temporada de queimadas" anual na floresta tropical. Todos os verões, é permitido que os agricultores e agrônomos do Brasil cortem e queimem uma área estritamente definida da floresta em ordem de limpar a terra para a pastagem e o crescimento da cultura. A cada ano, eles excedem de forma flagrante sua cota de queimada, geralmente, com pouca ou nenhuma punição. Mas, em 2019, sob a vigilância de Bolsonaro, o abuso foi o pior que ocorreu durante os últimos 10 anos. Cerca de 90.000 incêndios foram registrados, um aumento de 30% no número de queimadas em relação ao ano anterior. Uma área de 906.000 hectares (2,25 milhões de acres) foi destruída, as terras desmatadas se tornaram aptas para o plantio de soja, pastagem de gado e uso em mineração para a bancada ruralista.

Enquanto o resto do planeta olha para as florestas tropicais amazônicas como "os pulmões do mundo", para a bancada ruralista são apenas campos que ainda não foram limpos. Apesar de professar "profundo amor e respeito" pela Amazônia, parece que Bolsonaro concordou.

Operação Lava Jato

Um exemplo fascinante do estado profundo do Brasil em seu pior momento foi a Operação Lava Jato, uma investigação que começou em 2014. Centrava-se em um escândalo maciço de fraude e suborno dirigido por executivos do conglomerado petrolífero estatal Petrobras. Mais de US$ 2,5 bilhões foram desviados dos cofres da empresa para um fundo sujo utilizado para financiar campanhas políticas e subornar políticos e funcionários. Dezoito empresas foram implicadas em suas investigações e 429 indivíduos acusados, com 159 condenados.

A Operação Lava Jato foi estabelecida sob a presidência de Dilma Rousseff, cujo Partido dos Trabalhadores tinha, até 2014, governado o Brasil por 13 anos. Enquanto Rousseff via a propina como um meio de abordar a cultura política corrupta do Brasil, a bancada ruralista a viu diferente. Para eles - e é aqui que a Operação Lava Jato foi levada de um escândalo de corrupção "comum" para uma audaciosa aquisição do estado profundo – era uma oportunidade para destruir Rousseff e seu partido, utilizando a própria investigação que ela havia instigado.

Usando todas as artes obscuras do lobby, briefing negativo, mídia e a corrupção dos funcionários da Operação Lava Jato, a bancada retratou o escândalo como quase totalmente voltado para o Partido dos Trabalhadores – quando, na verdade, a maioria dos que estavam sendo investigados eram alinhados com a bancada. O público comprou a mentira e a taxa de aprovação de Rousseff caiu para um desanimador 6%. "Temos que acabar com esta merda . . . Temos que mudar o governo para poder parar este sangramento", disse Romero Jucá, um político de oposição de alto escalão. Isto veio durante uma chamada gravada secretamente com o ex-presidente da maior empresa de transporte de petróleo e gás do Brasil. Na mesma conversa, Jucá revelou que ele também estava tramando a queda de Rousseff com uma cabala de juízes do Supremo Tribunal e comandantes militares. Rousseff foi finalmente removida de seu gabinete em agosto de 2016 por algo denominado impeachment. Porém, foi, na realidade, um golpe.

Com a partida de Rousseff, a fase seguinte era encerrar a Operação Lava Jato. Para fazer isto, a bancada foi voluntariamente assistida por Michel Temer, o novo presidente interino. Sua facção política, a Partido do Movimento Democrático Brasileiro (PMDB em seu português acrônimo), nunca tinha liderado um governo antes, apesar de ser o maior partido do país. Em vez disso, preferiu fazer e quebrar coalizões, formando alianças com outras partes quando apropriado aos seus interesses (o sistema político brasileiro é baseado na proporcionalidade de representação, o que significa que todos os seus governos são formados por coalizões de uma espécie ou de outra). O próprio PMDB era um partido de facções, incluindo conservadores, social-democratas, cristãos evangélicos, fazendeiros e centro-esquerda. A única ideologia que uniu estes grupos foi um desejo de compartilhar o patrocínio e os subornos que são a moeda comum da política brasileira.

Com isto em mente, Temer e seu governo PMDB estavam demasiadamente dispostos a encerrar a investigação da Operação Lava Jato – especialmente porque o próprio Temer tinha sido implicado nas alegações de corrupção da Petrobras, juntamente com nada menos que sete membros de seu gabinete.

Porém, antes que eles pudessem fazer isso, havia mais um obstáculo a superar. O juiz da Suprema Corte que supervisiona as investigações da Lava Jato era Teori Zavascki. Em um sistema judicial notório por sua corruptibilidade, Zavascki se destacou por sua indestrutível honestidade. O estado profundo sabia que ele não poderia ser comprado a nenhum preço. Então, o que fazer?

Em 19 de janeiro de 2017, uma aeronave Hawker Beechcroft caiu a 240 km (150 milhas) ao largo da costa do Rio de Janeiro. Todas as quatro pessoas morreram. Um deles era Teori Zavascki. Problema resolvido.

A ASCENSÃO DOS NARCO-ESTADOS

As estimativas variam, mas o Escritório das Nações Unidas sobre Drogas e Crime (UNODC) coloca a receita anual do narcotráfico em cerca de US$ 320 bilhões. Isso é cerca de 5% do PIB global. Em 2009, cerca de 210 milhões de pessoas usavam drogas regularmente; em 2017 esse número era de 271 milhões, dos quais, pelo menos, 76 milhões estão na América do Norte. As drogas são um grande negócio, e só estão ficando maiores.

No Ocidente, narcóticos como a cocaína, a heroína e a maconha são originárias de países das Américas Central e do Sul, incluindo Colômbia, Venezuela e México. Tudo isso pode ser descrito como narco-estados, onde governos e sociedades civis têm ficado significativamente comprometidos com o tráfico de drogas.

Todos os narco-estados usam a corrupção e a violência para alcançar seus objetivos, mas também fazem exercícios de relações públicas quando necessário. Por exemplo, os cartéis de drogas distribuem dinheiro e alimentos para os pobres e carentes, ou fornecem saúde e segurança pública em áreas infestadas de criminalidade. Nas áreas rurais que possuem as plantações de coca, papoula e maconha, geram renda e empregos. Desta forma, os traficantes são vistos como figuras de Robin Hood, apoiados – até amados - pelas próprias pessoas que eles exploram.

Enquanto outros territórios, tais como Bolívia, Peru, Nicarágua e Panamá contêm importantes elementos narco-criminais, são os três listados anteriormente que realmente demonstram como funcionam os estados narcóticos, e eles são os estados focados aqui.

COLÔMBIA

A reputação da Colômbia de criminalidade, do terrorismo inspirado em drogas e a corrupção desenfreada foi selada durante a década de 1980 nas mãos do Cartel de Medellín, de Pablo Escobar, e algum tempo seu amigo/seu inimigo, o Cartel de Cali. Ambas as empresas criminosas compravam e vendiam abertamente os funcionários públicos, ou os matavam. Pablo Escobar chamou isto de política *plata o plomo* ("prata ou chumbo") e, diante da escolha de ser subornado ou levar um tiro, a maioria dos funcionários públicos escolheu a primeira. E havia muito dinheiro para se gastar: no alto da década de 1980, o Cartel de Medellín estava produzindo 15 toneladas de cocaína e girando mais de US$ 70 milhões *por dia*; isto em um momento em que os juízes juniores ganhavam apenas US$ 230 por mês.

Tal era a crença de Escobar em sua intocabilidade que ele concorreu com sucesso às eleições para o parlamento da Colômbia em 1982, uma rara ocorrência do estado profundo que emerge ao público. Isto permi-

Um confiante Pablo Escobar sorri para a câmera nesta foto da polícia, em 1976.

tiu ao rei da droga misturar-se abertamente com seus filiados políticos. Estes incluíam Alberto Santofimio Botero, um poderoso do Partido Liberal. Em 2007, Santofimio foi preso pelo assassinato de dois de seus rivais políticos no final dos anos 80. Os assassinatos foram supostamente realizados pelos homens de Escobar em troca de serviços proferidos pelo ex-ministro da justiça.

Além de cultivar políticos poderosos, Escobar era cuidadoso em manter a Igreja Católica ao seu lado. Ele fez um tour pelas favelas de Medellín na companhia de dois padres locais, reverendos Elías Lopera e Hernan Cuartas. Eles se juntaram a Escobar em uma fundação de caridade, Medellín Sem Favelas e, frequentemente, apareciam em palanques com ele em eventos públicos. Lopera era um aliado particular, e era retratado como uma figura santa no influente jornal *Medellín Cívico* - cujo proprietário era nada mais nada menos que Pablo Escobar.

Ao mergulhar no mundo do *establishment* político e religioso, Escobar estava jogando um jogo inteligente, normalizando sua imagem e a entrando mais profundamente, e legitimamente, no coração do *establishment* da Colômbia. No entanto, isto não durou muito. Quando o governo colombiano finalmente endureceu com os cartéis de drogas, Escobar mostrou suas verdadeiras cores. Após uma incursão em vários de seus laboratórios de cocaína na selva, em 1984, Escobar assassinou o ministro da justiça, Rodrigo Lara, declarando efetivamente guerra ao estado. O breve feitiço de Escobar como funcionário público tinha acabado e ele levou o estado profundo de volta ao subsolo. O resultado foi um conflito de brutalidade quase inimaginável, e de corrupção e conspiração contínuas. As tentativas do governo para derrotar os cartéis foram constantemente comprometidas pelos traficantes, que recebiam gorjetas sobre ataques e prisões seguintes. Em 1989, por exemplo, o chefe da polícia de Medellín foi demitido e o chefe da polícia nacional renunciou por suspeitas ligações com os cartéis.

No início dos anos 90, a Colômbia era a capital mundial do assassinato, com 25.100 mortes em 1991 e 27.100 em 1992. No entanto, quando Escobar foi morto por uma unidade especial de polícia, em dezembro de 1993, tanto os cartéis de Medellín quanto o de Cali estavam em declínio, dizimados por uma série de apreensões de drogas e prisões do alto escalão. Durante uma incursão em um reduto do Cartel de Cali, as forças especiais da Colômbia encontraram arquivos contendo os nomes de 2.800 políticos, jornalistas, membros congressistas, governadores de estado e pessoal militar da folha de pagamento dos traficantes. Apesar destes contratempos, os narcotraficantes criminosos continuaram corruptores. Em 1994, por exemplo, foi revelado que o novo presidente eleito, Ernesto Samper, tinha aceitado mais de US$ 6 milhões em "contribuições de campanha" do Cartel de Cali. De alguma forma, Samper permaneceu no cargo.

Isto provou ser um último suspiro para a velha maneira de fazer coisas. Enquanto o governo colombiano reprimiu a corrupção e a criminalidade no alvorecer do novo milênio, os traficantes fizeram o que qualquer corporação problemática faria - se reestruturaram e encontraram novos parceiros comerciais.

Reconstruindo

A primeira fase estava sendo reconstruída. No final dos anos 90, os Cartéis de Medellín e Cali tinham desmoronado em cerca de 300 gangues menores conhecidas como *cartelitos* ("pequenos cartéis"). Com o tempo, eles viram os benefícios de trabalhar em conjunto e ressuscitar o velho braço de cobrança de dívidas do Cartel de Medellín, a Oficina de Envigado, e se converteram em uma federação de traficantes. A segunda fase foi encontrar novos estados para infiltrar-se. Enquanto os cartéis da Colômbia estavam ocupados se reinventando depois da queda de Pablo Escobar, as quadrilhas de traficantes do México tomaram conta das rotas lucrativas de fornecimento para os Estados Unidos. Os colombianos precisavam de uma nova rota para o mercado que pudessem controlar e eles a encontraram a meio mundo de distância.

A nação da África Ocidental da Guiné-Bissau é a quarta nação mais pobre do mundo. Sua força policial é praticamente inexistente e seu *establishment* político está em desordem. Desde que conquistou a independência, em 1973, sofreu dois golpes de Estado e uma guerra civil. Nenhum governo dura mais de alguns meses. É, por qualquer definição, um fracasso de estado. Agora, graças aos colombianos, é também um narco-estado. Os traficantes, tendo encontrado na Guiné-Bissau um Estado parceiro complacente e enfraquecido, voam ou enviam seu produto a partir da América do Sul, reembalam-no e, depois, transferem-no para a Europa e além dela.

Estes foram bons tempos para os traficantes da Colômbia. Em 2017, eles produziram 1.400 toneladas de cocaína, a maior quantidade anual de cocaína registrada. Além disso, ao utilizar a conexão da Guiné--Bissau, a cocaína colonialista não tinha que pagar altos "impostos de exportação" para os cartéis mexicanos. Eles podiam oferecer subornos menores a seus facilitadores africanos e evitar as muitas patrulhas da DEA (*Drug Enforcement Agency*) nas fronteiras entre a América Latina, o Caribe e o EUA.

Isto não significou que as ruas da Colômbia estivessem novamente seguras. A cocaína ainda é feita lá, gerando os habituais danos colaterais de funcionários comprometidos e cadáveres. Entre 2016 e 2018 quase 2.500 policiais colombianos foram demitidos após alegações de corrupção e, em 2017, Luis Gustavo Moreno Rivera, chefe da unidade anticorrupção do país, foi preso por aceitar subornos de cartéis de drogas e lavagem de dinheiro. Com base no testemunho posterior de Rivera, três juízes da Suprema Corte e dezenas de legisladores também foram indiciados.

Além de tudo isso, o governo da Colômbia também estava engajado em um longo conflito contra as milícias revolucionárias marxistas, particularmente, com as Forças Armadas Revolucionárias da Colômbia (ou FARC, em sua sigla em espanhol), com a qual tem estado em "guerra" desde 1964. As FARC estão profundamente envolvidas no tráfico de cocaína, utilizando os lucros do tráfico para comprar armas.

Em 2017 as FARC foram desmanteladas, entregando suas armas a inspetores da ONU e sendo reformada como partido político legal, a Força Revolucionária Alternativa Comum. Embora esta tenha sido uma boa notícia, o governo colombiano foi alvo de uma advertência. Nem todos os membros das FARC concordaram com o cessar-fogo de 2017, e um grupo de fragmentação continuou a luta armada - e o tráfico de drogas. Enquanto isso, outro grupo de guerrilha, o Exército de Libertação Nacional (ELN), ainda está ativamente em guerra com o Estado e, também, está envolvido no comércio de drogas por armas. Finalmente, no final de 2019, outra facção das FARC anunciou que estava retomando as hostilidades contra o Estado.

Isto aconteceu em um momento em que um ambicioso programa governamental para destruir os campos de coca da Colômbia com sprays de pesticidas revelou ter sido um fracasso abjeto - de tal maneira que, de alguma forma, aumentou o rendimento das colheitas.

Com seu programa de redução de coca em farrapos e os EUA ameaçando tirar seus lucrativos subsídios de combate às drogas (US$ 10 bilhões até hoje), o governo da Colômbia ainda não formulou um novo e viável plano para combater seus líderes rebeldes e os problemas de cocaína da Oficina de Envigado.

VENEZUELA

A cocaína é mais do que dinheiro na Venezuela. É uma arma política, também, um meio para o Estado revidar contra seu maior inimigo implacável, os EUA. Como tal, a indústria de narcóticos da Venezuela foi efetivamente nacionalizada, transformando o país no que alguns analistas chamam de "estado mafioso".

A tragédia é que nada disso é necessário. A Venezuela tem as maiores reservas de petróleo do mundo. Seus 1,2 trilhões de barris são suficientes para tirar todos os venezuelanos da pobreza que é endêmica ali. Mas há dois problemas. Primeiro, o petróleo é o extra pesado crudo, que é difícil de ser refinado. Em segundo lugar, as sanções dos EUA contra o governo socialista da Venezuela significam que o país não pode assegurar o investimento estrangeiro ou trabalhadores qualificados necessários para o bom funcionamento de suas instalações petrolíferas e refinarias. Assim, para substituir os bilhões de petrodólares em falta, os líderes da Venezuela investiram, em vez disso, em narco-dólares.

O Cartel dos Sóis

Uma aliança profana se seguiu como resultado da eleição de Hugo Chávez como presidente da Venezuela, em 1998. Um ex-oficial do exército que tinha liderado um golpe de Estado fracassado em 1992, Chávez tinha opiniões políticas que eram uma mistura de nacionalismo populista, retórica marxista e anti-imperialismo (que era intercambiável com o antiamericanismo).

Alguns anos antes de Chávez ser eleito, elementos de alto escalão das forças armadas, polícia, serviço civil e da classe política haviam se envolvido no comércio da cocaína. Eles se autodenominavam Cartel dos Sóis, o nome originário das decorações em estrela douradas usadas nas ombreiras da Guarda Nacional da Venezuela. O cartel floresceu por volta da época em que os EUA impuseram sanções contra a Venezuela, em um esforço para acabar com o regime de esquerda de Chávez. Estas sanções conduziram o Cartel dos Sóis nos braços de outro inimigo dos EUA, o revolucionário estado islâmico do Irã. O cartel e o Irã formaram uma aliança que envolveu a movimentação de cocaína, terroristas do Hezbollah e dinheiro sujo ao redor do mundo. Eles até tinham sua própria frota de aviões para fazer isto, a empresa venezuelana Conviasa Airlines, que logo se tornou conhecida como 'Aeroterror'.

Hugo Chávez morreu em março de 2013 e foi sucedido por seu vice, Nicolás Maduro. Embora Chávez tenha deixado seu país devastado pela escassez de alimentos e água, desemprego e pobreza, ele era astuto e carismático o suficiente para brilhar sobre estes problemas, culpando os EUA pelos infortúnios de seu povo. Já Maduro, foi menos capaz de excitar o apoio popular, e as discrepâncias entre a vida dos venezuelanos comuns e daqueles na classe dominante, particularmente no Cartel dos Sóis, tornaram-se mais óbvias do que nunca.

Acreditava-se que o presidente era amplamente controlado por Diosado Cabello, o líder do parlamento da Venezuela e suspeito comandante do Cartel dos Sóis. Em 2015, Cabello foi publicamente acusado de tráfico de drogas pelo ex-chefe de segurança da Venezuela, Leamsy Salazar, que havia desertado para os EUA em 2014. Salazar também alegou que o Cartel dos Sóis trabalhou com Cuba para transportar narcóticos e dinheiro da droga

Nicolás Maduro (segundo à esquerda) em sua posse presidencial, acompanhado – e vigiado - por Diosado Cabello (centro).

lavado por meio do petróleo da empresa estatal PDVSA. A lista de acusações de Salazar corrobora aos depoimentos similares de Eladio Aponte, ex-chefe do supremo tribunal da Venezuela, que tinha fugido para os EUA em 2012.

A Guarda Nacional da Venezuela, que Diosado Cabello também controla, está particularmente implicada no Cartel dos Sóis. Em setembro de 2013, os funcionários do Aeroporto Charles de Gaulle, em Paris, descobriram 31 malas a bordo de um voo da Air France saindo de Caracas, Venezuela, cheias de 1,3 toneladas de cocaína, no valor de US$220 milhões. Três oficiais da Guarda Nacional baseados no Aeroporto de Caracas foram, mais tarde, presos em conexão com a operação de contrabando. No ano seguinte, um comandante da Guarda Nacional foi detido enquanto dirigia com sua família para a cidade venezuelana de Valência, com seu carro carregado com 55 kg (1212 lb) de cocaína.

Mantendo-o na família

Cabello e a Guarda Nacional não têm o monopólio do negócio da cocaína na Venezuela. Em novembro de 2015, os agentes da DEA prenderam Efrain

Antonio Campo Flores e Francisco Flores de Freitas, sobrinhos de Cilia Flores, esposa de Nicolás Maduro, por envio de 800 kg (1.764 lb) de cocaína do Haiti para os EUA. Ambos os homens receberam 18 anos de prisão nos Estados Unidos. Além disso, o próprio filho da Primeira-Dama da Venezuela, um juiz por acaso, é o assunto das investigações em andamento da DEA. Cilia Flores também tem sido ligada ao caso do Capitão Yazenky Antonio Lamas Rondón, um piloto extraditado para os EUA e acusado de ter feito mais de 100 narco-voos para fora da Venezuela.

O ex-vice-presidente do país, Tareck El Aissami, foi sancionado pelos EUA em março de 2019 por tráfico de drogas internacional. Em julho de 2019, Hugo Carvajal Barrios, ex-chefe do serviço de inteligência de Maduro, declarou publicamente que o governo estava envolvido no tráfico e na corrupção. Ele acusou, entre outros, Néstor Reverol, ex-diretor do programa venezuelano da agência antidrogas e de tráfico - um homem também acusado pelos EUA pelo tráfico de corrupção, com acusações contra ele, incluindo bloqueio de investigações e devolução das drogas apreendidas aos traficantes. Apesar disso, Reverol passou a servir como ministro do Interior da Venezuela.

O estado profundo da Venezuela é, certamente, um estado incomum. É como se muitos oficiais do governo organizassem seus dias úteis em horários divididos, atendendo a assuntos de estado (mau) antes do almoço, administrando, em seguida, o Cartel dos Sóis (muito proveitosamente) à tarde. Isto significa uma cleptocracia nos escalões superiores do estado que goza de uma riqueza sem igual, enquanto o povo da Venezuela suporta escassez de alimentos e água, cortes de energia, desemprego em massa e níveis quase cômicos de inflação.

MÉXICO

Houve esforços dos governos mexicanos nas últimas décadas para enfrentar os cartéis de drogas de seu país, mas estes têm sido realizados em grandes operações atamancadas que apenas aumentaram o poder dos traficantes. Isto se deve, em parte, aos patronos e ao clientelismo que estão profundamente enraizadas na sociedade e na política mexicana, indo de volta à era colonial dos senhores espanhóis dominando os escravos trabalhadores e populações indígenas. Grandes corporações, altos funcionários políticos e poderosos cartéis de drogas agem como nos tempos modernos dos senhores dominantes para clientes de nível inferior, tais como empresas subordinadas, políticos partidários e funcionários do governo.

Isto pode ser visto no caso da empresa petrolífera estatal Pemex, que em 2017 foi processada pela Oro Negro, empresa de perfuração de petróleo. Sua ação judicial alegava que a Oro Negro tinha sido forçada ir à falência por não pagar à Pemex os subornos necessários para garantir contratos lucrativos do governo. Naquele mesmo ano, uma campanha anticorrupção iniciada pelo então presidente Enrique Peña Nieto foi prejudicada quando o seu próprio, presumivelmente comprometido governo, se recusou a cooperar com os inquéritos.

Os narcotraficantes em geral

A narco-criminalidade é uma praga que atormenta a sociedade mexicana hoje em dia, é mais severa do que jamais foi. Como a demanda nos EUA por heroína produzida no México cresceu após a Segunda Guerra Mundial, os produtores de papoula aumentaram maciçamente suas operações. No processo, eles compartilharam seus lucros com o partido político dominante do país, o PRI, como uma espécie de dízimo. Eventualmente, esses agricultores individuais se uniram em um vasto complexo narco-industrial de poderosos cartéis. Com eles, o equilíbrio de poder mudou, e o que um dia foi um pagamento obrigatório dos agricultores subordinados a seus políticos mestres, foi trocado por uma espécie de gratuidade outorgada pelos cartéis dominantes sobre funcionários estatais gratos e gananciosos.

Nos anos 70, os senhores da droga do México estavam se misturando abertamente com os líderes políticos do país. Às vezes, eles até trabalhavam juntos contra seus inimigos comuns. Isto foi ilustrado de forma famosa no final da década de 1970 e início da década de 1980, quando grandes traficantes como Miguel Ángel Félix Gallardo e Rafael Caro

Um exército rebelde lutando contra o governo sandinista de esquerda de seu país, a milícia nicaraguense de direita Contras foi generosamente financiada pelos senhores da droga do México – e, mais tarde, pela Agência de Segurança Nacional dos Estados Unidos (NSA).

Quintero, com a assistência da CIA, ajudaram a financiar e a treinar a milícia nicaraguense de direita Contras, que se opunha ao governo de esquerda democraticamente eleito daquele país.

Até os anos 90, o mercado internacional de entorpecentes era dominado pelos todo-poderosos cartéis de Medellín e Cali, da Colômbia. Quando ambos entraram em declínio, no final dos anos 90, os barões de droga mexicana foram os mais beneficiados. Assim como a expansão da vasta área entregue ao cultivo de maconha e papoula, os traficantes do México alavancaram sua posição geográfica entre os vendedores de drogas na América Latina e os consumidores de drogas nos EUA para transformar suas fronteiras em casas alfandegárias de cocaína enormemente lucrativas. Os traficantes internacionais as chamam de "trampolim", um salto rápido por meio do México, sendo vistas como um caminho mais fácil e rápido para EUA do que as águas infestadas de DEA do Caribe.

La Linea

A maneira como os cartéis do México influenciam o estado é testada com oficiais regionais, polícia local e oficiais do exército do primeiro porto de escala quando os traficantes chegam à cidade. Um exemplo é Ciudad Juárez, uma cidade particularmente saturada de drogas que fica em frente a El Paso, em toda a fronteira americana. Ela é controlada pelo Cartel Juárez, cujo braço armado é conhecido como La Linea ("a Linha"). Este nome deriva da linha não-oficial de demarcação entre o cartel e a polícia. Desde que a primeira mantenha suas atividades dentro dos limites acordados de assassinato, caos, tráfico e criminalidade em geral, pode coexistir de forma bastante feliz com os agentes da lei. Mas La Linea é também uma fronteira física, que se aplica em todo o México. As principais áreas turísticas estão fora dos limites do tráfico de drogas, por exemplo, assim como os enclaves dos ricos e poderosos. Em todos os outros lugares é possível agarrá-los.

Em alguns casos, este arranjo vai além da coexistência e em conluio. De fato, um dos cartéis mais sanguinários, os Zetas, cresceu a partir de uma unidade militar das Forças Especiais Mexicanas. Especialmente em áreas infestadas de drogas, como Tijuana, perto da fronteira dos EUA, os policiais costumam ser traficantes ao luar. Um patrulheiro humilde, que aumentou sua renda desta maneira no início da década de 1980 foi Miguel Ángel Félix Gallardo, que fundou o todo-poderoso Cartel de Guadalajara.

Gallardo tem sido chamado de Henry Ford do tráfico, um verdadeiro estado profundo inovador. Sua linha de produção de drogas e sua rede de distribuição é mais ágil, eficiente e lucrativa do que qualquer outra estabelecida antes ou depois. O foco central foi o seu processo de suborno e, quando necessário, a punição dos funcionários do Estado se eles não sancionassem suas atividades ou não ajudassem a supressão de gangues menores e rivais. Quando Gallardo foi preso, em 1989, por 37 anos, por uma série de delitos graves, vários comandantes de polícia também foram presos. Quase 100 policiais cúmplices de sua rede criminosa simplesmente desapareceram.

Em dezembro de 2006, o novo presidente do México, Felipe de Jesús Calderón, declarou guerra aos cartéis. Embora alguns críticos considerem isso como uma manobra para desviar a atenção das alegações de fraude eleitoral, Calderón prosseguiu com o que ele chamou de sua estratégia '*kingpin*'. Esta era uma política que visava quebrar os grandes grupos de tráfico em gangues menores e menos problemáticas. Foi um grande erro. A taxa de mortalidade no México, que vinha caindo, disparou quando uma guerra infernal contra as drogas irrompeu. Mais de 275.000 pessoas foram mortas durante os 13 anos seguintes, a maioria sem nenhuma conexão com o tráfico de drogas. E ainda não acabou: 2018 e 2019 registraram o maior índice de taxas de homicídio na história moderna, com 33.341 e 34.582 mortes respectivamente. Isto é o que pode acontecer quando o estado real está à frente até do estado profundo, e é uma grande razão pela qual raramente o faz.

O resultado desta carnificina sangrenta é que o México foi deixado com narco-gangues menores, como previsto, mas também estava ainda sobrecarregado com dois grandes cartéis: o Sinaloa (que surgiu do Cartel de Guadalajara) e o CJNG (Cártel de Jalisco Nueva Generación, ou Cartel da Nova Geração de Jalisco). Ambos os cartéis, absolutamente impiedosos e com enormes arsenais, estão em guerra um com o outro, com a maioria das gangues de drogas menores, e com o estado.

A corrupção ganha novamente

Uma razão para o fracasso da guerra de Calderón contra os cartéis foi a corrupção. O quão comprometidos estavam os órgãos de estado do México foi revelado no sensacional julgamento de Joaquín Guzmán, em 2019.

Conhecido como El Chapo ("Baixinho") por causa de seu tamanho diminuto, Guzmán foi um protegido de Félix Gallardo antes de se tornar chefe do Cartel de Sinaloa. Como ele foi a maior narco-celebridade desde Pablo Escobar, a prisão de Guzmán, em 2016, e extradição para os EUA, para julgamento, foi um grande golpe da DEA, e uma grande preocupação para muitas das elites comprometidas do México.

Testemunha após testemunha alinhada para entregar revelações devastadoras sobre o envolvimento do estado no comércio de drogas. Vicente 'El Vincentello' Zambada Niebla, um agente do Cartel de Sinaloa de alto escalão, disse como a organização de Guzmán gastou US$ 1 milhão por mês em subornos. Outra testemunha foi do ex-general do exército, Gilberto Toledano, que foi um subornado proeminente, com pagamentos de até US$ 100.000 para permitir a passagem de drogas por seu distrito. Guardas prisionais, oficiais de polícia, advogados, autoridades fiscais, trabalhadores aeroportuários e o pessoal militar estavam todos implicados em outras evidências.

Em uma das maiores revelações do julgamento, Genaro García Luna, ex-diretor de segurança pública do México e o homem que supervisionava a guerra contra os cartéis, foi acusado por Vincente Zambada Niebla de ter aceitado subornos múltiplos, incluindo um de U$ 56 milhões. Infelizmente, Héctor Beltrán Leyva, o ex- associado do Cartel de Sinaloa que teria feito o pagamento não poderia corroborar com a história de Niebla, pois havia morrido de um ataque cardíaco em sua cela de prisão na noite anterior ao seu comparecimento no tribunal.

As acusações de Genaro García Luna foram seguidas por uma exposição mais emocionante, com o ex-chefe da polícia federal da Cidade do México acusado de estar no jogo. Guillermo González Calderoni foi uma figura lendária no México, o modelo de uma figura direita, policial incorruptível. Se Calderoni estava levando uma vida dupla, como as testemunhas afirmaram, ele levou seu segredo ao túmulo: em 2003 Guillermo González Calderoni foi baleado na cabeça por um assassino desconhecido.

A revelação verdadeiramente impressionante lançada pelo julgamento foi uma que nunca veio. Quando os promotores anunciaram que o chefe de operações do Cartel Sinaloa, Jesus Zambada García, estava pronto para nomear não um, mas dois presidentes mexicanos que receberam subornos enormes de Guzmán, o juiz do julgamento, Brian M. Cogan, o encerrou. As alegações que ele deu foram que as acusações de García envergonhariam desnecessariamente uma série de "indivíduos e entidades" não diretamente ligadas ao caso. Os especialistas em encobrimento da teoria da conspiração tiveram um dia e tanto.

Um político de alto escalão diretamente acusado de corrupção foi o ex-presidente Enrique Peña Nieto, chefe de estado do México em 2012-

18. Foi dito que ele pediu US$ 250 milhões em 2012 em troca de cancelar uma caça a Guzmán, que estava, então, em fuga. Após algumas rodadas de negociações, seu acusador, senhor do narcotráfico colombiano e afiliado de Guzmán, Alex Cifuentes Villa, disse que Nieto se contentou com U$ 100 milhões. Esta é uma acusação que Enrique Peña Nieto nega.

Como o advogado de Guzmán razoavelmente apontou, muitos dos testemunhos no julgamento foram dados em troca de sentenças mais leves e, portanto, não eram confiáveis. No entanto, as provas contra Guzmán foram avassaladoras e ele foi considerado culpado de todas as acusações. Como resultado, houve chamadas para investigar as muitas acusações contra funcionários estatais durante o julgamento. Os ruídos têm sido feitos nessa direção, mas, no momento em que escrevo, não foram seguidos com a alacridade ou minuciosidade anticorrupção que os defensores desejariam.

Embora Guzmán esteja atrás das grades pelo resto da vida, o ciclo de violência, a corrupção e o conluio no México continuam. Com a cartéis que perfazem até US$ 29 bilhões por ano, as recompensas são simplesmente demasiadas tentadoras para resistir e o poder dos cartéis permanece o mesmo.

Isto foi ilustrado quando o filho de Guzmán, Ovidio, um suspeito de tráfico, foi preso por policiais da guarda nacional na cidade mexicana de Culiacán, em outubro de 2019. O que deveria ter sido um sucesso de alto nível para o governo, foi transformado em uma farsa quando os 35 policiais que detinham Guzmán se encontraram cercados por centenas de pistoleiros do Cartel de Sinaloa, ou *sicarios*. Após um tiroteio violento, a polícia foi forçada a soltar Guzmán.

Mesmo que tivessem levado Ovidio Guzmán, teria sido uma gota no oceano. Os narcotraficantes-criminosos individuais vêm e vão, mas o narco-estado permanece.

CAPÍTULO 7

ESTADOS PROFUNDOS AMERICANOS ATÉ 1939

TAMANHA É A PROLIFERAÇÃO de interesses investidos trabalhando para suas próprias agendas que seria mais preciso renomear os Estados Unidos da América de Estados Profundos Unidos da América. Neste primeiro de dois capítulos sobre os EUA, veremos como o país chegou lá, desde meados do século XIX até a véspera da Segunda Guerra Mundial. É um período que testemunhou o país começar a perceber seu enorme potencial econômico – mas, como o crescimento comercial dos Estados Unidos excedeu em muito seu desenvolvimento político neste momento, a situação estava madura para exploração pelo grupo avarento dos "barões ladrões" do país e plutocratas, homens cujo poder derivava de sua extrema riqueza. Começando com a construção das ferrovias dos

Estados Unidos, em seguida, para o crescimento das indústrias do carvão, do aço e do petróleo, bem como a expansão massiva da fabricação de manufaturas e das finanças, para uma disposição do estado profundo dos recursos da nação representados por um peru gigante de Ação de Graças a ser comido entre uns poucos sortudos.

Quando a América entrou em sua "Era Dourada", no final do século IX, a acumulação de riqueza tornou-se fetichizada, com poucas perguntas de onde tinham vindo as riquezas de uma pessoa e apenas o sucesso na sua aquisição celebrada. Quando, depois de 1900, os políticos tentaram afirmar alguma autoridade, os estados profundos revidaram, desconsideraram ou sabotaram a legislação governamental, intensificando sua corrupção de funcionários públicos e, como último recurso, com a eleição do 'esquerdista' Franklin D. Roosevelt, em 1932, contemplando a mudança de regime.

Durante todo o tempo, olhando e aprendendo, um grupo ambicioso de criminosos estava registrando os sucessos dos estados profundos das empresas americanas e decidiu formar um de seus próprios estados, criando na máfia a rede de crime organizado mais bem-sucedida e difundida dos tempos modernos.

"TODOS A BORDO!" AS GRANDES CONSTRUÇÕES FERROVIÁRIAS AMERICANAS

Quando a primeira ferrovia transcontinental da América foi concluída, em 1869, foi saudada como uma celebração do impulso, do vigor, da excelência em engenharia e da visão empreendedora. A ferrovia foi construída de oeste para leste e do leste a oeste, com as duas metades se encontrando no meio da América, em Promontory Summit, Utah. A metade ocidental do projeto foi trabalho da companhia Central Pacific Railroad (CPR), enquanto a Union Pacific (UP) construiu a seção leste. Ambas as empresas utilizavam práticas comerciais duvidosas e descaradas para realizar seu trabalho, e a CPR, talvez, ganhasse por um nariz – então, é aí que está o foco como um estudo de caso de estado profundo.

Leland Stanford e Collis P. Huntingdon foram os corruptores-chefes da CPR. Stanford, que foi governador da Califórnia em 1861-63, cuidou do fim ocidental da operação, em particular, supervisionando a aprovação de leis estatais para proibir as empresas ferroviárias rivais de se estabelecerem em seu território, garantindo um monopólio da CPR. Huntingdon, por sua vez, foi despachado a Washington D.C. com US$ 200.000 em dinheiro para garantir a política de apoio de congressistas licitáveis. Foi um dinheiro bem gasto, pois Huntingdon o usou para persuadir os legisladores a conceder US$ 24 milhões a CPR em subsídios para iniciar a construção. Embora tenha sido um empréstimo, a CPR negligenciou devolver um único centavo dele. Armados com dinheiro federal gratuito, e com mais em oferta, Stanford, Huntingdon e seus parceiros comerciais usaram os fundos para contratar empresas de construção e engenharia que possuíam secretamente, de modo que estavam pagando a si mesmos.

As somas envolvidas foram consideráveis: US$ 16.000 para cada milha de via construída, subindo para US$ 48.000 por milha nas montanhas. Para aproveitar ao máximo a generosidade do governo, as empresas alteravam as rotas ferroviárias, tornando-as deliberadamente mais lon-

A Central Pacific Railroad, em construção tipicamente rudimentar, perto de Promontory Point, Utah.

gas e direcionando em terreno montanhoso para que pudessem cobrar mais por milha. Tanto a CPR quanto a UP gerenciaram esta atividade por meio, respectivamente, da supostamente independente Credit and Finance Corp e agências da Credit Mobilier, que cuidavam das cobranças e lavavam a pagamentos que eram coletados. Quando o governo central encontrou o esquema e lançou uma investigação, em 1872, descobriu que vários senadores estavam implicados em corrupção nas ferrovias. Infelizmente, quando os investigadores do governo pressionaram a CPR e UP para entregar suas contas, ambas as empresas relataram que seus livros haviam sido extraviados. Quando o inquérito, então, mudou suas atenções ao conflito de interesses de Leland Stanford e possível abuso de mandato como governador da Califórnia, ele foi paralisado no tribunal pelo juiz Stephen Field, um grande amigo de Stanford, que determinou que qualquer investigação federal a respeito do diretor da CPR era uma violação da Constituição e de seus direitos civis.

É uma pena que as contas das empresas tenham desaparecido, pois elas também poderiam ter mostrado exatamente o que a CPR e a UP fizeram com os 3.640.000 hectares (9.000.000 acres) de terra que lhes haviam sido dados pelo governo federal para construir seus trilhos. Foi entendido que as empresas seriam autorizadas a vender alguns destes terrenos a fim de compensar o custo de construção da ferrovia. Isto foi algo que eles certamente fizeram, mas também utilizaram o terreno para pagar seus financiadores e apoiadores por favores e serviços prestados. O herói da Guerra Civil, General William T. Sherman, foi recompensado pela UP com grandes parcelas de terra em Omaha, Nebraska, por exemplo, depois de ajudar a desobstruir a rota ferroviária das tribos nativas americanas que se opunham ao fato de invadir suas terras. A UP não poderia dar a ele a terra por nada, no entanto. Em vez disso, eles venderam a ele por US$ 2,50 o acre quando o preço de mercado eram US$ 8,00. Este ainda era um bom negócio para o militar, que ficou feliz em ajudar - afinal de contas, seu irmão, Charles T. Sherman, era um dos diretores da Union Pacific. Por sua parte, a UP teve o prazer de contar entre seus amigos uma figura nacional tão famosa como o General Sherman, um homem citado como um possível futuro presidente. Isto foi tão importante quanto outro irmão Sherman, John, um senador e, no final da década de 1870, o secretário da tesouraria americana, conhecido por ser ambivalente em relação às grandes empresas e corporações. Em 1890, ele introduziu com sucesso a Lei Sherman Antitruste, cuja intenção era privar empresas como CPR e UP de seu monopólio e poderosa formação de cartel.

Leia tudo sobre isso

Com políticos maleáveis a bordo e juízes amigáveis no bolso, as empresas ferroviárias, então, asseguravam que sempre lhes era garantido uma boa mídia - literalmente. CPR, por exemplo, comprou o jornal *Sacramento Daily Record*, e pagou ao editor e aos jornalistas do rival *Sacramento Union* para escrever histórias pró-CPR. Ambos os periódicos estavam sediados na capital do estado da Califórnia, e seus leitores incluíam os principais corretores de poder, as elites políticas e tomadores de decisão regionais da Costa Oeste.

Mas, mesmo com a influência da CPR na mídia, eles não poderiam enterrar a história quando, em 1883, veio à tona uma correspondência incriminatória entre Collis P. Huntingdon e David Colton, um dos diretores financeiros da CPR. As cartas expuseram o programa completo de suborno e conluio político, deixando os americanos com poucas dúvidas quanto aos tipos de homens Huntingdon, Stanford e seus colegas donos da CPR. Entretanto, como as cartas não continham os nomes de ninguém que tinha recebido subornos, Huntingdon escapou da acusação. Essa foi uma experiência castigadora, no entanto, e quebrou a primeira regra de etiqueta do estado profundo: nunca se coloque no centro da história. Após a publicação das cartas, os diretores da CPR reduziram a escala em suas atividades ilegais. Dois anos mais tarde, Leland Stanford comprou a ele mesmo uma cadeira no Senado dos Estados Unidos e, dois anos depois disso, estabeleceu a Universidade de Stanford. Ele morreu em 1893 e foi lamentado como um capitão pioneiro da indústria e um generoso filantropo. O mesmo se aplicou a Huntingdon, que morreu em 1900.

No entanto, na época em que morreram, as ferrovias que Stanford e Huntingdon haviam construído já estavam em apuros. A redução de custos e roubo perpetrado pela Central Pacific Railroad, Union Pacific e outras empresas ferroviárias significava que menos de 20 anos após a transcontinental ser concluída, grande parte dos trilhos tiveram que ser cortados e remontados. Isto se deu, em parte, porque as empresas ferroviárias nunca concordaram sobre qual bitola seria empregada, de modo que todos eles colocaram trilhos de diferentes formas e tamanhos. Onde ferrovias com diferentes bitolas de via se encontravam, os passageiros e as cargas tinham que ser retirados de um trem e transferidos para outro. Em Ohio, as empresas ferroviárias não estavam preparadas para pagar os altos custos de pontes sobre o rio Ohio, então, elas simplesmente construíram trilhos de cada lado, forçando os usuários de locomotivas a desviar e usar suas balsas.

As pontes construídas nos primeiros dias da ferrovia eram, frequentemente, de qualidade inferior. A ponte de 200 m (650 pés) de Dale

A construção da ponte em Dale Creek Crossing, em 1868. Ela foi construída em madeira em vez de ferro, para economizar dinheiro - e foi, posteriormente, reconstruída duas vezes.

Creek Crossing, no Wyoming, foi concluída em 1868. Deveria ter sido construída em ferro, mas, para economizar dinheiro, foi construída de madeira. Isto significava que balançava de forma alarmante com ventos fortes e mal conseguia suportar o peso dos trens de carga pesados. Ela teve que ser reconstruída - parcialmente, novamente para economizar dinheiro - em 1876, e mais uma vez em 1885. Em geral, as medidas de segurança eram inexistentes, sendo vistas como uma despesa desnecessária para proteger os trabalhadores que eram, em grande parte, importados da China e considerados dispensáveis. Desabamentos de túneis, deslizamentos fatais de terras e a subsidência de aterros eram comuns, assim como os descarrilamentos de trens porque os dormentes, raramente, eram colocados sobre o lastro da via estabilizadora e os próprios trilhos eram feitos a partir de trilhos de grau inferior, de metal mais leve e mais barato, que se partia e entortava facilmente.

Quando os resultados desta abordagem de corte de custos começaram a vir à luz, a partir da década de 1870, o governo se recusou a oferecer qualquer ajuda financeira. Afinal de contas, ainda estava aguardando, em vão, o reembolso de seus US$ 24 milhões originais de subsídio. Em vez disso, as ferroviários se voltaram para o capital privado para pagar as finanças e caminharam diretamente para os braços do financiador J.P. Morgan. No final do século, sediados em Nova York, os bancos de investimento J.P. Morgan e Huhn, Loeb & Co. tinham comprado a maior parte das principais redes ferroviárias dos Estados Unidos, agrupando-as em cinco grandes empresas.

A ASCENSÃO DAS GRANDES EMPRESAS

O papel de John Pierpont Morgan em "salvar" as ferrovias da América aponta para sua posição como barão ladrão/empresário inspirador por excelência da chamada Era Dourada do país. Nascido em uma família de influentes banqueiros, em 1837, Morgan entrou no negócio financeiro com 20 anos de idade. No início da década de 1890, ele era um dos os homens mais ricos da América, e sua intervenção na indústria ferroviária é um indicativo de como ele chegou lá. Morgan foi, em resumo, o grande consolidador. Sempre que se envolveu em um setor, seja ele bancário, ferroviário ou de produção de aço, o objetivo de Morgan sempre foi assumir uma série de pequenas empresas e fundi-las para criar monopólios em vez de fomentar a concorrência.

Para Morgan e seus companheiros plutocratas, como o magnata do aço americano escocês Andrew Carnegie e o petroleiro John D. Rockefeller, suas fortunas eram tão vastas que o dinheiro era quase irrelevante para eles. Considerando que figuras como Leland Stanford e Collis P. Huntingdon tinham sido levados a estabelecer um estado profundo para promover sua acumulação de riqueza, J.P. Morgan *et al.* estavam mais interessados em proteger o que eles tinham e, igualmente importante, no exercício do poder real - não de forma aberta e, portanto, de forma responsável, mas em segredo, nos bastidores e por meio de um estado profundo de influência.

Por volta da época em que a Morgan estava comprando as ferroviárias americanas, havia uma preocupação crescente de que algumas grandes empresas estavam se tornando grandes demais, e que os monopólios e cartéis estavam começando a se formar, asfixiando a concorrência e a inovação ao estabelecer associações restritivas conhecidas como trustes. Isto resultou, em 1890, na aprovação da Lei Sherman Antitruste, uma medida introduzida precisamente para assumir os monopólios e cartéis dos Estados Unidos - exceto que não aconteceu. Na verdade, deveria ter sido um pedaço da erradicação da legislação, mas, o que se viu foi os políticos americanos tomarem, em vez disso, o controle regulatório da economia do país, sendo um exemplo brilhante da capacidade dos estados profundos de desconsiderar as leis do país e agir como bem entenderem.

Um exemplo gritante disto veio em 1895, quando a lei Sherman foi utilizada contra a American Sugar Company (ASC), que processava 95% do açúcar vendido nos EUA. A ASC estava claramente operando como um monopólio, mas argumentou que, como um fabricante, não estava sujeita à Lei Sherman, que cobria apenas a cadeia de distribuição e o comércio. Apanhado por este tecnicismo, o Supremo Tribunal não teve escolha a não ser decidir a favor da ASC. Inspiradas pelo exemplo da ASC, outras corporações monopolistas dos Estados Unidos debru-

J.P. Morgan, o banqueiro e financiador de maior sucesso nos Estados Unidos durante a Era Dourada

çaram sobre a Lei Sherman em busca de cláusulas de saída que eles também poderiam explorar. Acontece que eles estavam com sorte. A Lei Sherman foi mal redigida e elaborada apressadamente em resposta à pressão pública para fazer algo a respeito dos cartéis comerciais do país. Na maioria dos casos, os caríssimos advogados das corporações foram facilmente capazes de contornar a Lei Sherman nas raras ocasiões em que foi empregada, que foi apenas 18 vezes em seus primeiros 10 anos, e nunca com sucesso contra qualquer grande empresa.

John Sherman, autor da Lei Sherman de Antitruste, de 1890, que ainda está em uso atualmente.

No entanto, essa falta de expectativas para resultados de sucesso, desencorajou os procuradores-gerais de tomar os cartéis; era mais que o estado profundo que tinha se juntado às grandes empresas garantindo que era de seu interesse fazer isso. Richard Olney, procurador-geral na época do caso ASC, era amplamente visto como um ladrão-barão. Antes de entrar para o governo do Presidente Grover Cleveland, em 1893, ele havia sido diretor e assessor jurídico de várias empresas ferroviárias. Quando se tornou procurador-geral, Olney garantiu ser ainda capaz de representar seus interesses ferroviários, dos quais ele extraiu um salário anual de US$ 10.000 para adicionar ao salário do governo de US$ 8.000. Embora este tenha sido um claro conflito de interesses, as coisas levaram a uma curva mais profunda do estado profundo, quando Olney usou a lei Sherman contra greves de trabalhadores do sindicato ferroviário na fábrica da Pullman, em 1894, argumentando que a ação industrial constituía restrição de comércio, que era proscrito pela Lei Sherman. Os líderes da greve foram presos, os trabalhadores da Pullman foram mandados de volta para o trabalho, e os empregadores ferroviários de Olney ficaram encantados que seus homens de dentro tinham representado tão assiduamente seus interesses. Pegando esse precedente, a Lei Sherman foi usada mais três vezes contra os trabalhadores grevistas nos anos 1890.

Alguns anos mais tarde, em 1897, Joseph McKenna foi nomeado procurador-geral sob a liderança do presidente republicano William McKinley. Assim como Olney, McKenna foi um ativo de longa data do estado profundo. Originalmente baseado na Califórnia, ele tinha sido um fiel apoiador de Leland Stanford durante seu governo do estado. Em troca, Stanford patrocinou as ambições políticas de McKenna e o ajudou a conquistar uma cadeira no Congresso em 1885, onde ele representou, com firmeza, os interesses do estado profundo dos barões ladrões ao se opor aos negócios regulamentados e à votação para estender os subsídios governamentais para as ferrovias. McKenna defendeu sua agenda pró-comércio em seu tempo como procurador-geral, bloqueando quaisquer tentativas de processar as corporações sob a Lei Sherman. Tão ineficaz foi a Lei que, em 1890-1900 o número de trustes aumentou de 251 para 290, e o dinheiro investido neles subiu de US$ 192 milhões para US$ 326 milhões.

VOTAÇÃO COM SUAS CARTEIRAS

A campanha que garantiu a presidência para o líder do Partido Republicano de McKenna, William McKinley, em 1896, é agora reconhecida como a primeira eleição moderna, utilizando o poder da imprensa, marketing, anúncios de ataque, direcionamento de eleitores e outras práticas que agora são comuns. Os plutocratas estavam envolvidos, claro, contribuindo com um valor então recorde de US$ 4 milhões em fundos de campanha, que era mais que o dobro do fundo de campanha de US$ 300.000 do oponente democrata de McKinley, William Jennings Bryan. Entre os milhões dos barões ladrões e os cofres republicanos estava o milionário homem de negócios e senador Mark Hanna que, além de ser um ex-companheiro da escola secundária de John D. Rockefeller, foi também o gerente de campanha de McKinley (e fantoche, de acordo com a imprensa). Os milhões dos barões ladrões levaram McKinley para a Sala Oval em 1896 e, novamente, em 1900. Em troca, eles tinham um presidente fortemente a favor dos negócios que manteve tarifas elevadas contra mercadorias estrangeiras importadas baratas, e não estava suficientemente inclinado a ouvir as queixas populares contra o poder dos plutocratas.

Em setembro de 1901, William McKinley foi assassinado por Leon Czolgosz, um pistoleiro anarquista que acreditava que todas as formas do governo eram ilegítimas. O ato de Czolgosz era extremo e refletia um mal-estar crescente na sociedade americana já que as necessidades de homens e mulheres comuns estavam sendo desconsideradas em favor dos grandes negócios. Substituindo McKinley no cargo, o vice-presidente Theodore Roosevelt, retomou imediatamente o assunto. Roosevelt era um populista por natureza e anunciou que seria um presidente de confiança. Isso lhe conquistou um enorme apoio público e Roosevelt fez um grande jogo de luta contra os plutocratas. Mas 'jogo' é a palavra-chave aqui. Roosevelt era um habilidoso político e tranquilizou as elites empresariais que, para cada assalto público a eles perpetrado por meio da Lei Sherman, haveria uma recompensa privada, entregue secretamente. Por exemplo, quando ele usou a lei antitruste em 1902 para quebrar o cartel ferroviário da Securities Company criado pelo J.P. Morgan e os ferroviários James J. Hill e E.H. Harriman, Roosevelt assegurou que as partes lesadas fossem generosamente compensadas pelas perdas que tinham sofrido. Isto permitiu ao presidente descontar no dividendo político de parecer duro com os cartéis enquanto assegurava que esses mesmos cartéis mantivessem suas doações do Partido Republicano. Quando este arranjo foi descoberto pela imprensa, depois que Roosevelt havia retornado como presidente nas eleições de 1904, ele desmereceu o assunto e rejeitou os jornalistas que o haviam exposto como '*muckrakers*'.

No entanto, a popularidade de Roosevelt foi prejudicada pelas revelações, e num esforço para reconquistar sua reputação de "homem do povo", ele aprovou a Lei Tillman, de 1907, uma lei que proibia a corporações de fazer doações diretas às campanhas das eleições federais. Assim como a Lei Sherman Antitruste, a Lei Tillman estava longe de ser perfeita. Os plutocratas rapidamente encontraram formas de contorná-la e, tendo aprovado um projeto de lei que ameaçava cortar seu dinheiro de abastecimento, o Congresso mostrou pouco entusiasmo em aplicá-la. Lentamente, as regras foram ainda mais rigorosas, mas isso só impulsionou financiamentos de campanhas no subsolo, tornando a atividade do estado mais profundo ao invés de menos provável.

Roosevelt decidiu não se candidatar à reeleição em 1908 e a presidência foi conquistada por seu colega republicano, William Howard Taft. Enquanto Taft era, como Roosevelt, um popular caçador de confiança, ao contrário de Roosevelt, ele era pobre em táticas, especialmente em sua impossibilidade de manter os plutocratas ao seu lado. Em seu único mandato de quatro anos, Taft empregou a Lei Sherman mais de 70 vezes - o dobro empregado por Roosevelt em sete anos. Para a barões ladrões, Taft tornou-se o inimigo público número um. Não que ele se importasse - ele acreditava que não precisava do dinheiro dos plutocratas e que seu apelo populista superaria quaisquer obstáculos que colocassem em seu caminho. Foi um erro de cálculo desastroso. Theodore Roosevelt ficou tão horrorizado com o zelo de confiança de Taft quanto os barões ladrões e concorreu como um candidato rival do Partido Progressista contra ele na eleição presidencial de 1912. Isto dividiu a votação e garantiu a vitória para o democrata Woodrow Wilson, que permaneceu no cargo nos oito anos seguintes.

O HOMEM QUE TEVE TUDO ISSO

Como um tiro de despedida para os barões ladrões, a administração da Taft entregou o que era suposto ser um veredicto condenatório contra a maior corporação de todas, a Standard Oil. Em última análise, no entanto, a uso da Lei Sherman Antitruste contra a empresa, em 1911, transformou seu proprietário, John D. Rockefeller, de um homem extremamente rico no homem mais rico da Terra.

John D. Rockefeller foi a encarnação do sonho americano. Nascido de um pai vendedor ambulante e artista, em 1839, ele herdou o gene paterno de fazer negócios. Ele iniciou seu primeiro negócio aos 20 anos de idade e estabeleceu o que viria a se tornar a Standard Oil, em 1870. Durante 27 anos, Rockefeller construiu a empresa até que ela controlou até 90% do negócio petrolífero dos Estados Unidos. Como Rockefeller conseguiu essa dominância foi o que colocou a Standard Oil no banco dos réus antitruste em 1911. Rockefeller havia se aposentado da administração da empresa até então, mas continuou sendo seu maior acionista e a Standard Oil foi administrada muito à sua imagem.

Sabemos tudo sobre as formas monopolísticas da Standard Oil graças aos esforços jornalísticos de Ida Tarbell, uma das "muckrakers" de Theodore Roosevelt que, em uma série cuidadosamente compilada de 19 artigos para o início da revista *McClure's*, em 1902, publicou a receita da Standard Oil para o sucesso. Em primeiro lugar, a empresa espionava seus rivais para obter informações internas valiosas. Então, ela dava descontos deliberados nos preços de seus produtos para forçar os rivais menores a sair dos negócios ou para obrigá-los a vender à Rockefeller, uma prática ilegal proibida pela Lei Interestadual do Comércio, de 1887. Tarbell lembrou a seus leitores que, em 1892, os tribunais do estado da sede da Standard Oil, Ohio, haviam declarado a empresa como truste e ordenado que fosse dissolvido. Rockefeller respondeu ignorando o tribunal e mudando sua empresa para a cidade de Nova York. No processo,

Standard Oil se reorganizou em uma complexa rede de empresas escudos, frentes e estruturas legais que obscureciam a propriedade da empresa e suas contas. Tarbell, apelidada de "Srta. Tarbarrel" por Rockefeller e "esta mulher venenosa" por Theodore Roosevelt, também revelou como a Standard Oil subornou e chantageou funcionários do governo para que pudesse continuar a operar impunemente.

Confrontado com estas revelações, e atento a sua autodesignação e reputação como um quebra-truste, em 1905, Roosevelt encomendou a seu departamento de justiça investigar a Standard Oil sob a Lei Sherman – mas, não com muito vigor. Isto, e as táticas de empatar dos advogados da Standard Oil, significou um período completo de seis anos antes da conclusão do inquérito, durante a administração do entusiasticamente antitruste presidente Taft. O relatório da investigação era repressivo, contendo evidências de fixação de preços, espionagem industrial, suborno, corrupção e chantagem que deixaram o Supremo Tribunal sem opção, a não ser a Standard Oil, um truste ilegal. A organização recebeu seis meses para se desincorporar em 34 empresas separadas e não ligadas entre si, a fim de acabar com seu monopólio ilegal.

Mas a lei das consequências involuntárias tinha uma piada para contar sobre a lei da terra. Logo que a Standard Oil foi desmontada, se descobriu que as 34 novas empresas eram coletivamente mais lucrativas do que a única corporação gigante que havia sido no passado. Como John D. Rockefeller continuava sendo o maior acionista em todos os novos negócios, ele descobriu que sua riqueza havia aumentado muito. De uma só vez, Rockefeller se tornou o primeiro bilionário americano. Nos anos seguintes, sua riqueza sempre crescente fez dele a pessoa mais rica do planeta e um dos homens mais abastados da história. Em termos modernos, sua fortuna pessoal era de cerca de US$ 350-400 bilhões, mais que o triplo da do fundador da Amazon, Jeff Bezos, o homem mais rico da Terra atualmente. Além disso, a quebra da Standard Oil resultou em algumas de suas 34 empresas "crianças" em crescimento, que se tornariam a BP, Chevron e ExxonMobil.

Quanto a John D. Rockefeller, felizmente aposentado e recém mega rico, ele dedicou o resto de sua longa vida à filantropia e morreu com 97 anos, em 23 de maio de 1937.

DE WARREN G. HARDING A FDR

A ruptura da Standard Oil foi seguida rapidamente pela Primeira Guerra Mundial, e marcou o fim de uma era para os plutocratas e seus grandes planos abrangentes para o domínio do estado profundo. Em 1918, muitos dos antigos barões ladrões estavam mortos, aposentados ou tinham se reinventado como filantropos nascidos de novo e tinham sido substituídos por uma nova geração de empreendedores com intenções menos ambiciosas ou mentes menos calculistas. O republicano Warren G. Harding ganhou as eleições presidenciais de 1920 com o slogan de campanha "Um retorno à normalidade", e isso era o que a maioria dos americanos queria. Um pós-guerra econômico garantiu que uma série de presidentes republicanos esquecidos ocupassem a Sala Oval, marcando o tempo e deixando o país se administrar. Desta forma, não havia necessidade real de estados profundos proliferarem, pois, de qualquer forma, eles tinham mão livre.

Havia corrupção, é claro, mas era do comum ou da variedade de jardim. Grande parte foi focalizada em torno da chamada "Gangue de Ohio", que eram os amigos, associados políticos e homens de negócios reunidos em torno de Warren G. Harding, cuja curta presidência – ele morreu no cargo em 1923 - foi preenchida com incidentes e alegações de desonestidade. A Gangue de Ohio se reunia para noites regulares de pôquer em um prédio em Washington D.C., conhecido como a Pequena Casa Verde, na Rua K. Membros do gabinete da Harding, tais como o secretário do interior Albert Fall e o procurador-geral Harry Daugherty, passariam longas noites nas proverbiais salas cheias de fumaça jogando jogos de azar com homens de negócios predatórios.

Entre estes estavam os petroleiros Harry Sinclair e Edward Doheny que, em 1922, subornou Fall para dar-lhes exclusividade e ilegalmente adquirir acesso às reservas de petróleo de propriedade do governo em um local em Wyoming chamado Teapot Dome (que deu origem ao escândalo com seu nome) e Elk Hills e Buena Vista Hills, na Califórnia. Fall foi condenado por aceitar subornos após a quebra do escândalo, em 1924, e foi condenado a um ano de prisão. Ele tem a honra de ser o primeiro americano a

Warren Harding (primeiro à esquerda) em sua primeira reunião de gabinete, incluindo membros da Gangue de Ohio como Harry Daugherty (terceiro à esquerda) e Albert Fall (quarto à direita).

ser condenado por um delito enquanto estava comandando um gabinete de correio. Em retrospectiva, é surpreendente que tenha demorado tanto tempo. Sinclair e Doheny, enquanto isso, foram considerados inocentes, embora Sinclair fosse condenado a seis meses de prisão por desrespeito a uma acusação judicial relacionada. Harry Daugherty também foi implicado no escândalo de Teapot Dome e em vários outros casos de corrupção, mas sempre conseguia evitar a condenação.

No final da década de 1920, no entanto, havia muito menos dinheiro para participação nos lucros ou propinas para políticos e funcionários públicos. A quebra da bolsa de Wall Street, em 1929, foi o que fez com que fosse inaugurada uma década de depressão global, que só foi resolvida pela eclosão da Segunda Guerra Mundial. Mas, enquanto a Depressão fez com que os estados profundos da América ficassem quietos, a vitória do democrata Franklin D. Roosevelt nas eleições presidenciais de 1932 os agitaram em uma reconhecidamente sem convicção reação. Antes de FDR, seis dos sete presidentes anteriores tinham sido todos republicanos, e estavam todos em suas diferentes formas receptivas à influência do estado profundo. O FDR não estava, ou pelo menos, certas seções do estado profundo das empresas não estavam preparadas para descobrir se ele estava.

No final de 1934, o governo nomeou o Comitê McCormack-Dickstein, convocado para investigar alegações de um complô para derrubar o presidente. Um Marine aposentado chamado Major-General Smedley Butler alegou ter sido recrutado por um grupo de financiadores, banqueiros e industriais para encabeçar um golpe de Estado para derrubar FDR e estabelecer um regime autoritário na linha daqueles que recentemente haviam chegado ao poder na Alemanha de Hitler e na Itália de Mussolini. Entre os nomes mencionados nos depoimentos perante o comitê estavam o do banqueiro de Wall Street, Grayson M.P. Murphy e Robert Sterling Clark, o herdeiro da máquina de costura Singer. Butler também implicou a American Liberty League, um organismo criado em 1934 em oposição às políticas do New Deal, de limpeza da esquerda de FDR. Em sua liderança estavam Alfred P. Sloan, o CEO da General Motors, J. Howard Pew, da Sun Oil Company, Al Smith, o primeiro governador de Nova York, ex-secretário de Estado, Elihu Root, e o banqueiro e em breve senador de Connecticut, Prescott Bush, pai e avô dos futuros presidentes republicanos George H. W. Bush e George W. Bush.

Todos aqueles nomeados como parte do que foi apelidado de "Conspiração de Negócios" negaram qualquer envolvimento, alegando que o General Butler era um fantasista. Nenhum deles foi chamado para testemunhar ante o comitê e o único participante da "trama" questionado foi um comerciante de títulos de Wall Street chamado Gerald MacGuire, que Butler alegou ser seu intermediário com os golpistas. MacGuire negou tudo, repetindo a linha do partido de que Butler era um fantasista. Ele não foi capaz de elaborar mais nada, pois morreu de pneumonia no ano seguinte, com 38 anos de idade.

A "Conspiração de Negócios" foi escrita na época como sala dos fundos falada por alguns patriotas zelosos reagindo com exagero à eleição do 'esquerdista' FDR; foi reivindicado que todos os nomes de estrelas a ela ligados tinham sido simplesmente acrescentados pelo General Butler para dar credibilidade às suas fantasias paranoicas. Nos anos seguintes a suas alegações contra os conspiradores, Butler pouco fez para refutar esta versão de eventos, passando a publicar um livro chamado *War Is A*

O Major-General Smedley Butler, que alegou ter sido recrutado por empresas americanas líderes para supervisionar um golpe contra o Presidente Franklin Roosevelt.

Racket e tornando-se um crítico franco do que mais tarde foi chamado de complexo militar-industrial, indicando, talvez, um elenco de mentes não inteiramente em harmonia com os homens que ele afirmava ter tentado recrutar para derrubar o presidente. Mas os historiadores e jornalistas têm desde então confirmando que a "Conspiração de Negócios" era real e que, pelo menos, seus conspiradores quiseram impor um copresidente favorável aos negócios ao lado de FDR para garantir que seus interesses estivessem representados nos mais altos níveis de governo - e quanto a Smedley Butler, eles tinham simplesmente escolhido o homem errado para executar seu plano.

A CONEXÃO ITALIANA

Enquanto as corrupções corporativas da década de 1920 e as conspirações financeiras do início da década de 1930 estavam ocorrendo, outro estado profundo estava emergindo em um setor diferente da sociedade e era um que teria um efeito duradouro e esmagadoramente negativo sobre a vida americana: a máfia.

Quase certamente as coisas teriam se tornado diferentes se não fosse pela Proibição. O fato de que os políticos americanos aprovaram uma proibição da fabricação, transporte e venda de álcool de 1920 até 1933 é difícil de creditar hoje em dia, mas, apoiados por grupos religiosos e moralmente motivados, tais como o Movimento de Temperança Cristã da Mulher e a Liga Antisalão, foi exatamente isso que o Congresso fez, tendo sido convencido por militantes antiálcool de que a bebida demoníaca era a raiz da causa da maioria dos crimes cometidos nos Estados Unidos.

Mas, assim que a Lei Volstead, que proíbe o álcool, entrou em vigor, em janeiro de 1920, o país experimentou uma onda de crimes que nunca tinha visto antes ou desde então. Só porque o álcool não estava mais disponível, isso não significava que os americanos não queriam bebê-lo. Muito pelo contrário. Em pouco tempo, os contrabandistas levavam bebidas alcoólicas e cerveja por meio da fronteira do Canadá e do México, e nos pântanos estavam sendo preparadas potentes misturas de *hooch* e *rotgut*, não regulamentadas por lei e independentemente das preocupações com a saúde e a segurança do consumidor. Locais ilegais e antros para beber brotaram nos porões e quartos traseiros em toda a terra, atendendo aos americanos sedentos, dispostos a pagar muito mais por seu álcool de escolha. No início, toda esta infraestrutura subterrânea era desenvolvida organicamente, com empreendedores locais respondendo às necessidades locais, mas em apenas alguns anos, passou a ser dominada por uma rede de gangues muito próxima dos criminosos de descendência principalmente italiana que, com o tempo, cresceram sempre mais perto de se tornar a máfia.

Entre 1880 e 1920, cerca de quatro milhões de italianos, a maioria deles do Sul e da Sicília, emigraram para os EUA e se estabeleceram em Nova York e Chicago, em particular. Estas comunidades eram insulares no início e foram presas por formar pequenas gangues de seus compatriotas que geriam o jogo e a loteria, ou sindicatos dos 'números' (sempre um negócio lucrativo entre as populações mais pobres), ou que ofereciam "proteção" aos comerciantes e empresas italianas. É discutível se essas quadrilhas teriam permanecido em pequena escala se não fosse pela enorme oportunidade criminosa oferecida pela Proibição. Máfias vizinhas, tais como a Mão Negra e a Quadrilha dos Cinco Pontos de Nova Iorque, que operava na Big Apple, bem como em Chicago, saltaram para a Proibição e ficaram muito ricas rapidamente. Homens mal alfabetizados, de braço forte, como Al Capone, em Chicago, e Giuseppe 'Joe o Boss' Masseria, em Nova York, foram elevados a senhores do crime regional e se deleitaram em sua notoriedade, exibindo sua riqueza e poder em público ao longo da década de 1920, enquanto embarcavam em uma amarga luta de poder pelo controle do negócio ilegal do álcool que se desenrolava nas principais cidades da América.

Eventualmente, as quadrilhas criminosas perceberam que lutar umas contra as outras era contraproducente. Na época em que Al Capone foi preso sobre acusações de evasão fiscal, em 1931, os chefes criminosos já haviam avançando para uma abordagem mais sofisticada e de menor perfil aos negócios. Homens como Charles 'Lucky' Luciano e o judeu polonês Meyer Lansky vieram à tona. Estes não eram apenas homens interessados em ganhar dinheiro; eram homens com um plano, que visualizaram que as estruturas de poder eram o caminho a seguir. Luciano e Lansky se juntaram a outros ítalo-americanos e, também, máfias judias e irlandesas para se reunirem em 1929 como o Sindicato Nacional do Crime ou, simplesmente, "o Sindicato" - a primeira verdadeiramente organizada rede criminosa na América. O controle das principais cidades e regiões foi dividido entre várias "famílias" criminosas e Luciano estabeleceu a Comissão como órgão dirigente da máfia para resolver as disputas. Aprendendo rapidamente com suas contrapartes corporativas de estado profundo, esta máfia crescente subornou, corrompeu e intimidou juízes, polícia e os políticos para permitir que eles se dedicassem a seus negócios. Aqueles que resistiram foram assassinados. Os lucros envolvidos eram enormes e, durante a Depressão, a partir de 1929, foi difícil para funcionários públicos sem dinheiro em caixa dizer não para dinheiro fácil - especialmente quando a outra opção era uma bala na cabeça.

Quando a Proibição foi revogada, em 1933, os gênios mafiosos estavam bem e verdadeiramente fora de controle. Com o álcool legal novamente, esta sofisticada rede criminosa dificilmente poderia ficar satisfeita com suas velhas práticas dos números e redes de proteção da vizinhança (embora eles também continuassem a fazer isso). Drogas, entretenimento e jogos de azar em larga escala eram as coisas que estavam por vir, e o estado profundo da máfia estava determinado a entrar nesse terreno fértil. E foi exatamente isso que fez, permeando todos os aspectos da cultura americana, comércio e política. Na verdade, após a Segunda Guerra Mundial, as variedades de estado profundo encontradas neste capítulo, além de outras mais, evoluíram, adaptaram-se e expandiram-se de formas que as tornaram perigosamente poderosas e praticamente inatacáveis.

CAPÍTULO 8

ESTADOS PROFUNDOS AMERICANOS DO PÓS-GUERRA

DESDE O FINAL da Segunda Guerra Mundial, interesses tradicionais como estados profundos corporativos e os serviços de inteligência têm diversificado e evoluído para entidades mais sofisticadas, como o complexo militar-industrial e o "estado de segurança nacional". Agendas de interesse próprio, veladas ou não, estão sendo empurradas, de modo que a primeira questão que qualquer observador experiente da política americana deve se perguntar sobre a introdução de qualquer nova legislação governamental é: quem se beneficia?

Este capítulo percorre um caminho por meio do campo lotado de fabricantes de armas, redes de inteligência, grandes corporações, grupos de mídia, lobistas, *think tanks* e o braço administrativo do próprio

Estado enquanto competem e se juntam para promover suas próprias necessidades. Isto acontece por necessidade apenas de um quadro parcial: o crime organizado e a religião organizada, por exemplo, não são discutidos, embora sua influência de estado profundo seja inegavelmente forte. O foco aqui é sobre os interesses instalados com maior influência na vida pública na América nos tempos modernos. Veremos também como a eleição de Donald Trump como presidente, em 2016, rearranjou temporariamente o equilíbrio de poder nos bastidores - e como os estados profundos, sempre cheios de recursos, reagiram.

O COMPLEXO MILITAR-INDUSTRIAL

A América emergiu da Segunda Guerra Mundial tendo fabricado seu caminho da Depressão para a prosperidade. Durante 30 anos após a guerra, o país experimentou um crescimento sem precedentes e evoluiu para a nação mais rica e poderosa do mundo. A chave, todos concordaram naqueles anos dourados, era o governo federal ficar em segundo plano e permitir que as empresas fizessem o que melhor sabiam, que era ganhar dinheiro.

Uma área onde havia muito dinheiro a ser ganho era a defesa. Quando a guerra terminou, em 1945, outra começou - uma Guerra Fria que durou quase 50 anos e que também assistiu a conflitos 'quentes' na Coreia e Vietnã, bem como as guerras do petróleo no Oriente Médio dos anos 90 e a guerra contra o terrorismo em curso até hoje. Mas os mercados de armas são altamente competitivos e, com bilhões de dólares em oferta, seus principais atores são bem versados em estratégias de estado profundo, a fim de ganhar uma vantagem competitiva.

As armas e os homens

Em seu discurso de despedida à nação, em 17 de janeiro de 1961, do presidente republicano Dwight D. Eisenhower advertiu seus colegas americanos para estarem atentos a um novo poder na terra. "Nos conselhos de governo, devemos nos precaver contra a influência de aquisição, seja procurada ou não, pelo complexo industrial militar", disse ele. "O potencial para o aumento desastroso de deslocamentos do poder existe e persistirá".

Mas a advertência de Eisenhower chegou tarde demais. No início da década de 1960, o complexo militar-industrial dos fabricantes de armas e das elites militares com grandes orçamentos a manter já estava firmemente encravado. Nos 15 anos seguintes do Dia D, a América mal tinha estado em paz, tendo suas forças armadas sendo destacadas na Guerra da Coreia e em várias crises em Jerusalém, Berlim, China, Taiwan, Porto Rico, Egito, Líbano e Vietnã. Durante todo o tempo, tensões contínuas com a União Soviética significavam que o conflito nuclear em larga escala era uma possibilidade permanente. Os EUA precisavam de armas, mas, provavelmente, não tantas como as que foram vendidas. Durante toda a década de 1950, por exemplo, tanto a CIA como o *establishment* militar dos Estados Unidos deliberadamente superestimaram a capacidade de luta da União Soviética: em 1959, os serviços de inteligência dos Estados Unidos disseram à Casa Branca que a Rússia possuía uma estimativa de 1.000-1.500 mísseis nucleares, em comparação com os 100 dos EUA. Na realidade, a União Soviética tinha apenas quatro bombas atômicas. Não sabendo disto, o Departamento de Defesa elevou os gastos no valor de bilhões de dólares para zerar a inexistente "diferença de mísseis" com a Rússia. Entre os beneficiários estavam os fabricantes de mísseis Convair Group e a Glenn L. Martin Company que, mais tarde, passaram a fazer parte das corporações gigantes General Dynamics e Lockheed Martin, respectivamente.

Durante toda a Guerra Fria e até hoje, a General Dynamics e a Lockheed Martin, juntamente com os empreiteiros Northrop Grumman, Boeing e Raytheon, dominaram a construção militar e são conhecidos como os "cinco grandes". Todos, em inúmeras ocasiões, têm sido acusados de atos de suborno, corrupção e atividade criminosa, e todos tomaram parte no estado profundo de ações a fim de garantir sua fatia do orçamento de defesa dos EUA que, a partir de 2019, era de US$ 716 bilhões.

A Lockheed Martin é a maior empresa de defesa do mundo, com vendas de US$ 59 bilhões em 2019. Um de seus estratagemas favoritos, quando ganha contratos militares nos EUA, é sobrecarregar maciçamente ou faturar fraudulentamente o trabalho que realiza, algo pelo o que foi multada ou censurada em várias ocasiões, inclusive em 1998 (US$ 3,15 milhões), 2002 (US$ 2,1 milhões), 2003 (três casos), com multas no total de US$ 46,6 milhões), 2005 (US$ 1,4 milhões), 2007 (uma multa de US$ 265 milhões por "inadvertência" de faturamento excessivo) e 2012 (US$ 15,85 milhões). Esta é apenas uma lista parcial, e é uma prática de que todos os cinco grandes foram acusados. Essas falsas cobranças e as infrações de superfaturamentos são possíveis devido à capacidade das empresas de induzir os oficiais militares e de defesa a encobrir suas atividades e fornecer informações privilegiadas ou secretas. Isto significa que os cinco grandes têm sido capazes de ir além das "simples" irregularidades contábeis para algo mais escuro e profundo.

Em 2011, a Lockheed Martin fez um acordo de US$ 2 milhões contra as alegações de ter obtido ilegalmente informações privilegiadas em relação a uma concorrência contratual na Marinha dos EUA. Nisto, a Lockheed Martin estava seguindo as pegadas da Boeing, cuja divisão de aeronaves militares foi multada em US$ 5 milhões em 1989 por obter

A casa que a guerra construiu: os escritórios da gigante aeroespacial e de defesa Lockheed Martin, na Virgínia, nos arredores de Washington D.C.

ilicitamente documentos de planejamento classificados do Pentágono. Ainda anteriormente, a Northrop Grumman, em meados da década de 1980, foi acusada, entre outras coisas, de pagar as taxas de membros do canil e do clube de campo de funcionários do Pentágono em troca de informações e consideração favorável em licitações contratuais. A Raytheon também negociava conhecimentos internos nos anos 80 e, em 1990, foi julgada culpada e multada em US$ 1 milhão por tráfico de informações no Pentágono, roubando planos orçamentários.

Você me ajuda e eu ajudo você ...

No entanto, para todos os seus crimes e delitos, os principais empreiteiros militares continuam ganhando contratos do governo. Isto é, sem dúvida, porque eles têm a capacidade de fabricação necessária, mas também, porque têm o pessoal certo.

Um pouco como o sistema que se obtém nos altos escalões das elites políticas, comerciais e de serviço público da França, a indústria de defesa dos EUA é povoada por executivos que se movimentam entre os mundos do comércio, da política e administração civil e onde as redes de amizade, favorecendo o comércio, contatos, know-how, informações privilegiadas e, ocasionalmente, a corrupção, garantem que as prioridades do complexo militar-industrial estejam sempre bem representadas. Desde 2000, o braço de defesa da Boeing tem gastado mais de US$ 275 milhões em lobby e em 2016-19, por exemplo, recrutou 19 oficiais militares aposentados de alto escalão como consultores, membros do conselho ou lobistas. Na última década, os cinco grandes contrataram 25 generais aposentados, 9 almirantes, 43 tenentes-generais e 23 vice-almirantes.

Quando não estão contratando ex-militares, os fabricantes de armas recrutam do governo e da função pública, geralmente, visando os Subcomitês de Apropriações da Câmara e do Senado que alocam os gastos da defesa federal. O tráfego vai para o outro lado, também, quando os executivos de alto escalão das empreiteiras de defesa que aceitam cargos governamentais, trazendo com eles os interesses e objetivos de seus ex-empregadores. Ocasionalmente, os negócios são feitos quando os funcionários estão em trânsito entre os mundos do governo e da indústria: em 2003, o diretor financeiro da Boeing foi demitido quando apareceu que ele havia oferecido um emprego a um executivo de aquisição da Força Aérea enquanto as duas partes estavam negociando um contrato de fornecimento de US$ 20 bilhões.

Um exemplo muito importante de como o contrato de fornecimento do sistema militar-industrial funciona é a carreira de Dick Cheney. Um político republicano infiltrado desde o início dos anos 70, em 1989, Cheney foi nomeado secretário de defesa da presidência de George H. W. Bush. Fora do cargo depois que Bush perdeu as eleições presidenciais de 1992 para o democrata Bill Clinton, Cheney passou pela porta giratória para se tornar CEO da empresa de serviços do setor de petróleo, gás, construção e militar, Halliburton. Depois que George W. Bush ganhou a eleição presidencial de 2000, Cheney 'girou' novamente, assinando como vice-presidente de Bush, uma nomeação que coincidiu com os ataques de 11 de setembro da Al-Qaeda.

Durante os oito anos da vice-presidência de Cheney, a Halliburton lucrou lindamente com a Guerra ao Terror dos Estados Unidos pós-11 de setembro. Antes de Cheney tomar posse, a Halliburton era a 22ª maior empreiteira militar na América; em 2003 era a sétima, tendo sido premiada com contratos governamentais nos EUA no valor de até US$ 7 bilhões no Afeganistão, Iraque e em outros lugares, a maior parte expedida pelo prédio da Halliburton, subsidiária de engenharia e serviços Kellogg Brown & Root (KBR) - conhecida coloquialmente nos círculos de defesa dos EUA como "Kellogg Burn & Loot". Em 2004, a revista *Time* obteve do Corpo de Engenheiros do Exército um e-mail que parecia confirmar que a KBR havia ganho a maior parte de seus contratos de trabalho sem passar por nenhum processo de licitação, com o conhecimento do escritório de Dick Cheney. Em 2004, isto levou o candidato democrata à presidência, John Kerry, a afirmar que: "a antiga empresa de Dick Cheney, Halliburton, lucrou com a confusão no Iraque às custas das tropas americanas e dos contribuintes. Enquanto a Halliburton tinha se envolvido em um massivo superfaturamento e em práticas de desperdício neste contrato sem licitação, Dick Cheney tinha continuado a receber compensação de sua antiga empresa".

Além do recrutamento estratégico, a outra tática principal militar-industrial é o uso de lobby. Em 1983, empresas e grupos de interesse gastaram cerca de US$ 200 milhões em lobby; em 2018 estava em US$ 3,4 bilhões. Para dar apenas um exemplo não atípico, de 1993 a 2015, Howard 'Buck' McKeon foi um congressista republicano cujo distrito da Califórnia continha várias bases militares e instalações de fabricação relacionadas à defesa. Isto, e a posição de McKeon como presidente do poderoso Comitê de Serviços Armados, significava que suas campanhas de reeleição a cada quatro anos eram generosamente apoiadas, entre outros, pela Lockheed Martin, Northrop Grumman, General Dynamics e Boeing. Depois de deixar a política, em 2015, o ex-congressista fundou a McKeon Group, uma empresa de lobby cujos clientes incluem a Lockheed Martin e a General Dynamics. O McKeon Group também faz lobby em nome do governo da Arábia Saudita, onde as vendas de armas dos EUA dobraram sob a presidência de McKeon no Comitê de Serviços Armados.

Guardas de caças viraram caçadores furtivos

Nenhuma das atividades da McKeon são ilegais, mas há leis que, geralmente, podem ser contornadas, não apenas pelo complexo industrial militar, mas por todas as organizações envolvidas em lobby e em contribuição de campanha. De acordo com a Lobbying Disclosure Act, a Honest Leadership e a Open Government de 2007, os grupos de interesse devem declarar quanto eles gastam em lobby, enquanto todos os servidores titulares de cargos políticos e civis são obrigados a esperar até dois anos após a saída do serviço público antes de se tornarem lobistas. Mas, ex-congressistas ou presidentes de um subcomitê podem deixar seus cargos governamentais na sexta-feira e começar a trabalhar como lobistas na segunda se simplesmente redesignarem eles mesmos como consultores, uma tática empregada pela antiga House Speakers Newt Gingrich e John Boehner, nos anos 2000. Boehner, em particular, tem uma história nesta área, e em 1995 foi criticado para a entregar cheques de contribuição de

Buck McKeon, o bem relacionado ex-congressista republicano virou lobista corporativo

campanha do lobby de tabaco junto aos colegas republicanos na Câmara dos Deputados. Em 2010, uma reportagem do *New York Times* destacou as relações de Boehner com várias empresas, incluindo Goldman Sachs, Citigroup, Google, MillerCoors (agora Molson Coors) e UPS.

A representação dos interesses corporativos na política não é sempre tão clara quanto o retrato do *New York Times* sugerido de John Boehner, no entanto, milhões de dólares são filtrados regularmente por meio de canais de "dinheiro obscuro" que são isentos de regulamentos de divulgação de lobby. Estes incluem instituições de caridade registradas, trustes e associações comerciais - particularmente a Câmara de Comércio dos EUA, que atua como uma espécie de câmara de compensação para fundos de lobby e doações de campanha cujas origens exatas as corporações preferem manter em segredo.

Até 2010, os políticos eram financiados quando se candidatavam em escritórios estritamente regulamentados, notadamente pela Lei Tillman, de 1907, que proibia as empresas de fazer doações para campanhas políticas. Isto mudou em 2010, quando a Suprema Corte sustentou uma queixa da pressão conservadora do grupo Citizens United que isto era inconstitucional. Seguindo a decisão da Citizens United, corporações, grupos e indivíduos estavam livres para fornecer financiamento de campanha ilimitado por meio da criação de comitês de ação política (PACs), onde houver interesse, as partes reúnem seus recursos para maximizar sua alavancagem sobre seus candidatos favorecidos. Para cobertura adicional, os PACs ainda são livres de usar canais obscuros de dinheiro para fazer suas doações.

ESTADOS PROFUNDOS CORPORATIVOS

Para ver como o estado profundo das corporações em seu particular "jogo" político tanto no sistema pré como no pós-Citizens United, vale a pena olhar para a família mais poderosa politicamente que a maioria das pessoas muito provavelmente nunca ouviu falar. É fácil olhar para a pressão do estado profundo das corporações na América em termos das grandes e mundialmente famosas multinacionais como a Exxon

Mobil, em petróleo, a Ford, em produção de automóveis, ou Pfizer, em produtos farmacêuticos. Exxon Mobil, por exemplo, ficou encantada quando Rex Tillerson, seu CEO em 2006-17, foi nomeado secretário de estado em 2018. No entanto, além, ou aquém, tais traduções visíveis de interesse comercial em influência política residem em algo muito mais significativo, onde até os lucros ficam em segundo plano, abaixo de um motivo muito mais importante: a ideologia.

Sem regras, sem regulamentos

Por 50 anos, Charles Koch tem sido a força motriz por trás da Koch Industries, um vasto conglomerado que engloba a refina de petróleo e a produção de produtos químicos, plásticos, fertilizantes nitrogenados, papel e muitos outros produtos e serviços não-glamorosos, mas vitais. Em 2019, a receita da empresa sediada em Wichita era de US$ 119 bilhões. Mas, a Koch Industries é mais do que uma corporação; é uma expressão da filosofia Gestão Baseada no Mercado (MBM), autocriada por Charles Koch, uma fusão intransigente de liberalismo político e liberdade econômica. Desde o início dos anos 70, Charles Koch vem exercendo seu estado profundo de influência para reformular a política e a sociedade americana para que reflitam sua visão de um país onde não há tributação, desregulamentação empresarial generalizada (especialmente em relação às emissões), sem bem-estar ou de saúde e a redução do governo a uma capacidade de "vigia noturno".

Um estudo de caso quase perfeito da máquina MBM de Koch em trabalho foi mostrado em seu papel na luta contra as reformas fiscais controversas de Donald Trump, em 2017. Apesar do presidente ter um trunfo em sua Lei de Redução de Impostos e Empregos como um projeto de lei favorável aos negócios, Charles Koch se opôs por não ser amigável com seus próprios negócios. Uma provisão no projeto de lei conhecida como BAT (*Border Adjustment Tax*) levantou os impostos contra empresas que importavam muitas de suas matérias-primas - empresas como a Koch Industries.

A missão da Koch Industries era fazer com que a BAT fosse retirada da conta, e usou todas as artes negras do estado profundo para fazer isso. Primeiro, desencadeou suas "tropas de choque", um grupo de pressão que a empresa financia e controla secretamente chamado Americans for Prosperity (AfP), para bater em portas, fazer pancadarias, fazer telefonemas e perturbar as audiências públicas e reuniões políticas para protestar em voz alta contra o chamado "capitalismo de camaradagem" e "manipulação econômica" de Trump, uma acusação que picou o famoso presidente de pele fina. Então, especialistas simpatizantes foram contratados para aparecer na televisão ou em jornais descrevendo como o imposto significaria preços mais altos para importação de mercadorias como brinquedos, eletrônicos e, o mais alarmante, gasolina. Finalmente, os senadores e membros da Câmara dos Deputados que receberam financiamentos da Koch Industries foram lembrados de que as doações poderiam ser retiradas com a mesma facilidade com que foram concedidas. Entre estes estavam Paul Ryan, Presidente da Câmara dos Deputados e um dos patrocinadores do projeto da lei fiscal.

Confrontado tanto com a pressão pública quanto política, Trump recuou. A BAT foi retirada do projeto de lei e a Koch Industries cancelou os ataques. Poucos dias após a legislação amigável a Koch ser assinada, em dezembro de 2017, a PAC de Paul Ryan recebeu uma doação de US$ 500.000 de Charles Koch. Foi estimado que a lei emendada significará uma economia de US$ 1 bilhão anuais a Koch Industries.

A Koch Industries assegurou sua concessão fiscal de Donald Trump executando, anteriormente, um golpe de mestre estratégico em oposição aos planos do presidente para revogar a Lei de Cuidados Acessíveis, comumente conhecida como "Obamacare". Normalmente, Charles Koch ficaria feliz em destruir qualquer legislação que impusesse ao estado prover a saúde. Mas, neste caso, ele implantou deliberadamente o AfP e ameaçou difamar congressistas para dar a Donald Trump uma prévia do poder que ele tinha à sua disposição, que ele poderia usar para garantir a derrota total das próximas reformas fiscais se ele não seguisse seu caminho.

Para influenciar o presidente, Charles Koch foi ajudado pela inserção de simpatizantes bem colocados na administração de Trump. Entre eles, estavam Corey Lewandowski, Kellyanne Conway e Don McGahn, respectivamente, gerente de campanha de Donald Trump, porta-voz e advogado

O homem mais poderoso de quem você já ouviu falar: industrialista e fervoroso libertário Charles Koch.

pessoal, assim como Alan Cobb, o vice-presidente da AfP, que se juntou à equipe Trump como um conselheiro sênior. Deve-se notar que Kellyanne Conway e outras figuras da equipe de Trump também tinham vínculos com Robert Mercer, do fundo de hedge bilionário que compartilha o mercado livre e desregulador pelo qual Charles Koch zela; ele é dono da rede de notícias de direita, Breitbart, e trouxe Steve Bannon para o círculo interno de Donald Trump. Mercer também é coproprietário da Cambridge Analytica, a empresa de consultoria política do centro de acusações de possível interferência russa na campanha eleitoral de Trump, em 2016, e da votação britânica Brexit, em 2017.

Todas essas técnicas e outras mais foram aperfeiçoadas pela Koch Industries durante a presidência de Barack Obama (2009-17), especialmente quando a administração democrata tentou introduzir a chamada Lei do Ar Limpo, um pedaço de limitação de emissões à legislação que a família Koch acreditava representar uma ameaça existencial para seu império de negócios de refino de petróleo e fabricação de plásticos. Políticos republicanos que não se opuseram de todo à Lei do Ar Limpo foram submetidos a protestos da AfP, ataques da mídia, à retirada de contribuições de campanha e, finalmente, não se reelegeram. Esse foi a destino de Bob Inglis, um congressista de 12 anos que se viu substituído pelo candidato republicano do 4º Distrito da Carolina do Sul em 2010, Trey Gowdie, financiado por Koch. Neste período, Charles Koch também aproveitou o poder disruptivo do partido de base anti-taxa, o movimento anti-regulatório Tea Party, organizado por ativistas da AfP e parcialmente financiado pela Koch Industries e gigantes do tabaco Philip Morris e R.J. Reynolds. Em 2010, acompanhando o endossado de Koch, Trey Gowdie, nas eleições do Congresso foram eleitos 85 novos republicanos, 57 dos quais haviam sido financiados pela Koch Industries. Isto determinou a maioria dos democratas na Câmara dos Deputados e, efetivamente, matou qualquer chance de aprovação da Lei do Ar Limpo.

Poder para o povo

Em termos de mobilização do apoio das bases, uma organização que, possivelmente, seja mais importante que a Koch Industries é a Associação

Nacional de Espingardas (NRA). Fundada em 1871, a NRA é um dos mais antigos e mais poderosos grupos de pressão, defendendo, conforme eles, a segunda emenda de direito de seus 5,5 milhões de membros de portar armas. Em qualquer sugestão em que esses direitos estão ameaçados, a NRA envia seus membros nas ruas em protesto. Em 2012, por exemplo, os manifestantes da NRA montaram fortes defesas de posse de armas no clamor público e político após a escola primária Sandy Hook ter um tiroteio, que fez 26 vítimas - 20 delas com apenas seis ou sete anos. A NRA chegou a afirmar que esta tragédia - e muitos dos mais de 230 tiroteios escolares que aconteceram desde o ataque ao colégio Columbine, em 1999 - poderiam ter sido impedidos se houvesse mais armas no mercado, especificamente se guardas armados fossem contratados para patrulhar os estabelecimentos educacionais da América.

A NRA encoraja esta forma de empurrão apenas para lembrar o governo americano de sua oposição à regulamentação de armas, aconteça o que acontecer. Ela também o faz para conquistar novos membros e

Distintivo de honra: um emblema de membro vitalício da NRA projetado para ser costurado em uma jaqueta ou camisa.

gerar financiamento, pois é um triste fato que todo tiroteio em massa ou ataque terrorista em solo americano resulte em um pico na venda de armas, filiação na NRA e doações para a associação.

Além de atender às necessidades de seus membros individuais, a NRA também representa os interesses da indústria de fabricação de armas. Os fabricantes de armas como Smith & Wesson, Glock, Beretta, USA Midway e SIG Sauer são todos financiadores generosos da NRA. O que isto significa, na prática, é que a NRA tem um forte interesse em não apenas encorajar os americanos a manter suas armas, mas a comprar mais delas. Para cada arma que a fabricante de armas brasileira Taurus vende na América, por exemplo, compra um membro da NRA em troca. Crimson Trace, uma empresa que faz equipamento de mira de pistola a laser, doa 10% de seus lucros para a NRA. Desde 2005, a NRA tem recebido mais de US$ 50 milhões dos fabricantes de armas.

O que a NRA faz com o dinheiro de seus membros e fabricantes de armas é onde seu estado profundo de poder é verdadeiramente sentido. Como um grande grupo de lobby, a NRA está bem posicionada para influenciar o processo de tomada de decisões políticas. Os políticos são cuidadosamente escrutinados para seu apoio à segunda emenda e são classificados de acordo com uma escala de A F. Republicanos e democratas de categoria A recebem um fundo de campanha da NRA, enquanto aqueles classificados como B até E recebem progressivamente menos. Políticos com nota F não recebem nada. Durante e desde a presidência de Barack Obama, com a política americana mais polarizada, o número de democratas com nota A no Congresso caiu de 63 em 2008 para apenas 3 após meados das eleições de 2018. Isto significa que a NRA se tornou cada vez mais estreitamente ligada ao Partido Republicano e, desde 2016, ao seu líder Donald Trump.

É por isso que a NRA se envolveu na investigação de Mueller, lançada em 2017 para investigar as alegações de que a Rússia influenciou as eleições presidenciais de 2016 para conseguir que Donald Trump fosse eleito. Em resumo, a NRA foi acusada de permitir seu status como uma instituição de caridade registrada a ser explorada por agentes russos que a usou para canalizar dinheiro negro para a campanha Trump. Embora a NRA tenha inicialmente negado isto, a cumplicidade da associação foi confirmada por um relatório da Comissão de Finanças do Senado de 2019 que descobriu que ela tinha agido como um "bem estrangeiro" para a Rússia. Quando confrontada com o relatório, a NRA admitiu ter levado dinheiro russo, mas alegou que nenhum dinheiro em espécie foi utilizado para fins políticos. Independentemente do que aconteceu com o dinheiro em espécie de origem russa da NRA, ao se tornar presidente em 2017, Donald Trump fez uma grande demonstração pública de apoio a uma nova lei apoiada pela NRA que revogava os direitos dos estados individuais de impedir que os cidadãos carregassem armas escondidas em público.

Reescrevendo as leis da terra

Quando se trata de novas leis e regulamentos que promovem seus interesses, os estados profundos corporativos estão cada vez mais escrevendo a legislação propriamente dita por meio do que são conhecidos como projetos de lei. Análises do jornal *The Arizona Republic* e do Centro da Integridade Pública (CPI) em 2019, descobriram que a chamada "cópia e cola", geralmente com o objetivo de proteger os interesses corporativos contra o bem público, estavam sendo submetidos a legislaturas locais de estado a estado contendo exatamente as mesmas palavras, com apenas detalhes regionais alterados. A Lei de Transparência do Amianto, de 2012, por exemplo, não fazia jus ao seu nome e foi escrita em nome da indústria americana do amianto. Entre seus termos estava uma limitação ao direito do público de processar os fabricantes de amianto pelos males causados pela substância à saúde e um teto sobre a quantidade de danos que os consumidores poderiam reclamar.

A partir de 2020, a Lei de Transparência do Amianto se tornou lei em 12 estados americanos. Foi escrita, como milhares de outras leis, por uma organização chamada ALEC (Conselho Americano de Intercâmbio Legislativo). Após a elaboração de um projeto de lei para um cliente corporativo, a ALEC recorre a conselheiros amigáveis nos estados das legislaturas para introduzir a lei com o nome do conselheiro, ganhando a eterna gratidão do negócio em questão. A Koch Industries é um ávido usuário do modelo de projeto de lei, assim como a Exxon Mobil, Procter & Gamble, Molson Coors e muitas outras. A empresa de energia Enron patrocina projetos de lei que defendem a desregulamentação da eletricidade no início dos anos 2000, cujos resultados lhe permitiram perpetuar a atividade fraudulenta que a levou a acumular perdas de mais de US$ 60 bilhões. O relatório da *Arizona Republic*/CPI constatou que 10.000 projetos de lei haviam sido introduzidos desde 2001, com 4.301 em nome dos negócios, 4.012 representando as organizações conservadoras e

A Arlington, Virgínia, sede da "fábrica" de modelo de projeto de lei conservador do Conselho Americano de Intercâmbio Legislativo (ALEC).

cristãs, e 1.602 para grupos liberais. Até o momento, 20% destes projetos foram aprovados como lei.

A introdução de legislação favorável aos negócios é uma metade da equação de assuntos jurídicos corporativos do estado profundo; nomeação de juízes receptivos para aprovar essa legislação é a outra. No final do 1980, um jovem ativista republicano no Texas chamado Karl Rove foi pioneiro em um método de reconfigurar a Suprema Corte de seu estado fazendo o encontro das corporações com os ambiciosos, promovendo juízes conservadores, utilizando a câmara de comércio do Texas para lavar dinheiro sujo para que os juízes liberais votassem contra seu escritório e os de direita votassem a favor. "Todos os casos começaram ter uma decisão anti-consumidor, ficando do lado das grandes empresas", disse um aposentado juiz democrata. Até o final da década de 1990, os réus corporativos em julgamentos por malfeitorias empresariais no Texas foram vitoriosos em até 70% dos casos. Desde a virada do milênio, as empresas interessadas, incluindo Home Depot, Wal-Mart e a seguradora AIG, gastaram mais de US$ 100 milhões em dinheiro sujo para tentar instalar juízes explicitamente a favor dos negócios nas legislaturas locais e Tribunais Superiores estaduais em toda a América.

A Koch Industries, sempre uma empresa inovadora, adotou esta abordagem um passo à frente, utilizando organizações de frente como a pressão do grupo Oklahomans de Excelência Judicial para "nomear e envergonhar" juízes liberais ou supostamente anti-negócios em um esforço para influenciar suas futuras tomadas de decisão de uma forma mais amigável para a empresa. Enquanto isso, a empresa contratou resorts de praia e clubes de golfe cinco estrelas exclusivos para receber seminários jurídicos com todas as despesas pagas, com a participação de conhecidos juízes conservadores, uma tática também empregada pela Shell e Exxon Mobil, entre outros.

A mídia e a mensagem

Tendo obtido apoio político e jurídico para seus interesses, a forma final para que os estados profundos corporativos desfrutassem do sucesso é influenciando a opinião pública por meio do uso de *think tanks* e da mídia.

Os *think tanks* são frentes eficazes para a reciclagem das agendas do estado profundo das empresas em receber sabedoria - especialmente quando são criados ou financiados pelas próprias corporações. O Cato Institute, por exemplo, é um dos mais influentes *think tank* de direita dos Estados Unidos e produz um fornecimento regular de relatórios acadêmicos exaltando as virtudes do mercado livre. Raramente, em suas notas de rodapé e referências, você encontrará qualquer menção que o Cato Institute foi co-fundado por Charles Koch e é financiado por ele. O American Enterprise Institute, um *think tank* da vanguarda dos estudos de negação de mudança climática, também foi fundado e financiado por Koch, junto com o Heartland Institute, que é amigável à indústria petrolífera, também inclui a Exxon Mobil entre seus benfeitores. O dinheiro de Koch também encontrou seu caminho para a Heritage Foundation, uma organização de estudo de mercado livre e políticas neoconservadoras fundada pela família cervejeira Coors, em 1973. Seus atuais apoiadores incluem a principal fabricante de cigarros, Altria.

Quando se trata de propagar as descobertas dos *think tanks*, ou a promoção de suas preocupações de forma mais generalizada, o estado profundo corporativo tem vastos interesses na mídia que vai recorrer. A Fox News é abertamente republicana e desenvolveu uma relação especialmente estreita com Donald Trump, cujo populismo desavergonhado e a presidência controvérsia se encaixam perfeitamente na ética da estação de notícias como entretenimento. Entretanto, como Charles Koch, o proprietário da Fox, Rupert Murdoch, é um libertário de direita com uma crença absoluta no mercado livre e, de vez em quando, sente a necessidade de lembrar ideologicamente o suspeito presidente de que o apoio do canal não é incondicional. Este foi o caso no final de 2019, quando o julgamento do impeachment de Donald Trump foi iniciado, coincidindo com sua decisão amplamente criticada em abandonar os aliados curdos da América na Síria. Os âncoras da Fox News e os especialistas começaram a criticar abertamente Donald Trump, algo anteriormente impensável. Isto foi interpretado, na época, como o aviso da Fox/ Murdoch ao presidente para controlar seus impulsos mais desagregadores com uma eleição geral a apenas um ano de distância e a ameaça de uma vitória democrata demasiadamente real.

Enquanto a Fox News exibe abertamente suas crenças, outras organizações de meios de comunicação têm uma influência mais clandestina sobre a vida política. Propriedade da família Smith, de Baltimore, o Sinclair Broadcast Group opera 173 estações de TV locais em toda a América e as usa para propagar uma crença conservadora para cerca de 40% da população. Após os ataques de 11 de setembro, por exemplo, os Smith ordenaram que todas as estações de TV Sinclair transmitissem editoriais preparados elogiando o Presidente George W. Bush em reposta à atrocidade da Al-Qaeda. Quando a equipe do canal WBFF da Sinclair em Baltimore reclamou que isso comprometia a objetividade política da estação, foi rejeitada. Em abril de 2017, outra diretiva Smith exigia que todos os canais Sinclair colocassem no ar, nove vezes por semana, um programa de 10 minutos chamado *Bottom Line with Boris*, com o erudito recém-contratado, Boris Epshteyn. Como Epshteyn era o ex-diretor assistente de comunicação de Donald Trump, este foi interpretado pelos observadores da mídia como uma tentativa de favorecimento ao presidente, especialmente com monólogos servilmente pró-Trump de Epshteyn, que levaram os comentaristas a rotular seu programa como "propaganda da força industrial".

No mesmo ano em que contratou Epshteyn, a Sinclair, com um lobby de sucesso, pressionou o ex-chefe de Epshteyn a flexibilizar as regras de propriedade da mídia para que pudesse comprar por US$ 3,9 bilhões mais 42 estações de TV para adicionar ao seu portifólio. A generosidade do presidente não foi inesperada. Os Smiths tinham sido grandes doadores de Trump durante as eleições de 2016 e ele tinha aparecido em noticiários e programas de discussão de Sinclair 15 vezes durante a campanha presidencial, muitas vezes, em estados cruciais de oscilação; a oponente de Trump, Hillary Clinton, não apareceu uma única vez. Embora a compra das TVs de Sinclair tenha fracassado, a maneira como a aprovação do acordo foi obtida veio diretamente da cartilha do estado profundo.

Sede da Sinclair Broadcast Group em Hunt Valley, Maryland.

Longe do mundo da TV, a pouca conhecida Meredith Corporation, é um poderoso grupo conservador de mídia impressa que exerce uma influência mais clandestina, mas não menos importante, do estado profundo. Isto veio à tona em 2017, quando a editora sediada em Iowa pagou US$ 2,8 bilhões para a compra da Time Inc., lar das notícias icônicas e dos atuais títulos de negócios *Time*, assim como as revistas *Sports Illustrated* e *People*. Comentaristas se perguntavam por que a empresa por trás das revistas folclóricas americanas como a *American Patchwork & Quilting*, *FamilyFun* e *Midwest Living* estava interessada em possuir um dos grandes títulos liberais dos tempos modernos. A trama engrossou quando foi revelado que o negócio tinha sido facilitado por um investimento de US$ 650 milhões da Koch Equity Development (KED), a subsidiária de private equity da Koch Industries. Charles Koch foi rápido em assegurar ao mundo que seu um investimento era puramente empresarial e que não tinha intenção de interferir, de qualquer forma, na posição editorial do *Time*.

Em quase todos os perfis de mídia de Charles Koch, ele é retratado como um operador impiedoso, de olhos frios, que não vacila, fiel a seu libertário, baseado nas crenças do mercado. Entretanto, uma vez que a compra da Time Inc. estava completa, uma coisa curiosa começou a acontecer. Na revista *Time* (e em praticamente nenhuma outra publicação centrista) emergiu uma imagem diferente do multibilionário. "Charles Koch é conhecido pela advocacia conservadora: Um Novo Relatório Destaca Suas Doações de Caridades", foi uma vez manchete da *Time* em outubro de 2018; "A rede de Koch pressiona por um status legal para os sonhadores" apareceu em outra história da *Time* em janeiro de 2019, sinalizando as credenciais pró-imigração do magnata. Uma pista de por-que a revista estava promovendo esta versão mais gentil e de benfeitor de seu proprietário veio em junho de 2019, com outra história da *Time* intitulada "Em breve, uma primária democrata: candidatos apoiados por Charles Koch". Com as eleições presidenciais de 2020 a apenas um ano, o líder do Partido Republicano de Trump estava sendo lembrado de que o apoio de Koch não estava dado e que sua agenda de mercado livre, anti-protecionista, desregulatória, libertária precisava ser incorporada em qualquer plataforma de reeleição que o presidente estava organizando.

Além das oportunidades de relações públicas que proporcionava, o investimento de Koch na Time Inc. e seu apoio financeiro à Meredith Corporation teve um benefício mais profundo. Ambas as organizações de mídia detinham dados valiosos de milhões de assinantes e clientes. Ao comprar ambas as empresas, Koch pôde acessar essas informações e atuar por meio de sua agência de análise de dados, i360, para produzir incrivelmente perfis detalhados de até 250 milhões de americanos a serem utilizados para a escolha dos eleitores e a publicidade, supostamente empregada pela Cambridge Analytica.

ESTADOS PROFUNDOS ADMINISTRATIVOS

Após sua posse como presidente, no início de 2017, Donald Trump imediatamente começou a reclamar que sua agenda legislativa estava sendo minada por uma insidiosa aliança de estado profundo de servidores civis e o *establishment* das elites dos serviços de segurança que dirigem os Estados Unidos de forma semelhante à rede dos antigos garotos do

Reino Unido e os catedráticos das *grandes écoles* da França. Como nós vimos, este não é bem o caso. Muita oposição ao Trump tem vindo da direita e não da esquerda, dos conservadores e dos estados profundos corporativos libertários, como a Koch Industries. Mas lá há pouco capital político a ser conquistado pelo presidente, reconhecendo que as empresas poderosas que o apoiam publicamente estão, em particular, frustrando seus planos.

Isso não quer dizer, no entanto, que o serviço público e as agências de segurança não têm seus próprios interesses a serem protegidos.. Vejamos como eles têm feito isso desde o final da Segunda Guerra Mundial, e como a eleição presidencial de 2016 lhes apresentou novos desafios a vencer.

Eles trabalham para você?

No século XIX, os Estados Unidos não tinham um serviço público estabelecido. Em vez disso, havia o chamado "sistema de espólios", pelo qual cada presidente empregava seus próprios administradores, uma situação em que trabalhavam em postos de serviço público quem fazia a maior oferta ou os companheiros mais próximos do presidente. Foi somente depois que um candidato a um dos cargos desapontado assassinou o presidente Garfield, em 1881, que o sistema de espólio foi abandonado e a seleção baseada no mérito foi introduzida ao invés disso. Isto funcionou bem e foi ampliado significativamente durante a presidência de Franklin D. Roosevelt, 1933-45, significando que a América emergiu da Segunda Guerra Mundial com mais burocratas do que nunca. Isto alarmou alguns da direita, que acreditava que o socialismo era iminente.

Com a União Soviética ocupando metade da Europa e regimes esquerdista se estabelecendo na América do Sul, especialmente na Guatemala, os Estados Unidos experimentaram um "susto vermelho" em 1950, onde um estado profundo de agentes e simpatizantes comunistas foi considerado uma infiltração no país. Em 1938, o Comitê da Casa de Atividades Não Americanas (HUAC) havia sido estabelecido para investigar alegações de subversão e atividade de traição na vida pública e privada, mas no início da década de 1950, seu foco principal era conter a propagação do comunismo. Em 1950, o oficial do Departamento de Estado, Alger Hiss, foi condenado por alegações de espionagem e isto foi seguido em 1953 pelas execuções dos supostos espiões soviéticos Julius e Ethel Rosenberg. Embora estes tenham sido incidentes isolados, na imaginação do público, eram a ponta do iceberg. A percepção de que os soviéticos estavam planejando o domínio mundial era intensificada pela intervenção de Joseph McCarthy, um instável senador alcoólatra do Wisconsin. Em 1950, provavelmente perdendo seu lugar nas próximas eleições, McCarthy encenou uma campanha de relações públicas que aumentou sua popularidade por alegar ter obtido uma lista de 205 comunistas trabalhando no Departamento de Estado. Embora a lista fosse uma fabricação completa, colocou o senador no palco nacional.

Durante os quatro anos seguintes, McCarthy se apresentou como o flagelo do comunismo, queimando dezenas de funcionários do governo e até mesmo figuras da indústria do entretenimento em audiências públicas que arruinaram as carreiras de muitos indivíduos inocentes. Enquanto isso, os governantes dos Estados Unidos sucumbiram a uma forma de loucura coletiva, pois aprovaram inquestionavelmente a cada movimento errado de McCarthy. Em 1950, o Congresso aprovou, inspirado em McCarthy, a Lei de Segurança Interna McCarran, que definiu dezenas de grupos lobistas liberais como 'frentes comunistas' e, também, aprovou o estabelecimento de campos de concentração para supostos comunistas em tempos de emergência nacional. Quatro anos mais tarde, o congresso aprovou, inspirado em McCarthy, a Lei de Controle Comunista, que condenou o Partido Comunista Americano e recomendou fortemente que ele fosse fechado. Mas, em 1954, quando McCarthy atacou o exército por supostamente ter inclinação pró- soviética, ele ultrapassou o limite. Ele foi censurado por seus colegas senadores e serviu seus dois anos restantes em cargos políticos sendo evitado por muitos dos mesmos homens e mulheres que tinham apoiado entusiasticamente sua cruzada alguns meses antes.

Dezessete anos após a queda de McCarthy, a burocracia governamental foi novamente acusada de dirigir seu próprio estado profundo de conspiração, desta vez, contra o presidente em exercício, Richard Nixon. Isto começou com o vazamento de um relatório ultrassecreto do governo sobre o progresso da guerra no Vietnã para o *New York Times*, em 1971. O informante foi Daniel Ellsberg, um analista de defesa de 40 anos e pesquisador que ajudou a compilar o chamado "Documentos do Pentágono" e quem, ao fazê-lo, se opôs ao envolvimento no conflito. Embora Ellsberg tenha agido por conta própria, para Nixon, um homem com algum complexo de perseguição, o vazamento dos Documentos do Pentágono foi prova de uma trama do *establishment* contra ele. "No governo há um bando de filhos da puta", disse ele ao seu gabinete. "Muitos que se sentam nas reuniões ... estão nos caçando". Em outra tirada aos assessores ele declarou, "Nós estamos lutando contra um inimigo, uma conspiração. Eles estão usando qualquer meio. Vamos usar qualquer meio. Está que claro?" Entre esses meios que ele usou estava uma tentativa de reunir provas incriminatórias contra os inimigos do estado profundo de Nixon, que significava autorizar um arrombamento ilegal na sede do Comitê Nacional Democrático no edifício Watergate, em Washington D.C., em 17 de junho de 1972. Quando os invasores foram pegos em flagrante, Nixon se engajou em um encobrimento falho que acabou levando à sua renúncia em 1974.

De acordo com alguns, a paranoia de Richard Nixon e os ataques de Joseph McCarthy a funcionários do governo e funcionários públicos estão entre as inspirações por trás das reclamações de Donald Trump contra o "estado profundo", que ele afirma estar querendo pegá-lo. O muro entre a América e o México que ele fez uma campanha tão vigorosa por não ter sido construído, disse ele, porque os burocratas o bloquearam; a revogação de Obamacare foi obstruída pelos liberais no serviço civil. Quanto à suposta interferência russa nas eleições de 2016, na narrativa de Trump, é uma vasta conspiração de perdedores ainda presos a Hillary Clinton, mantida pelos democratas e seu estado profundo de aliados no *establishment*, o que levou à tentativa fracassada de impugná-lo no final de 2019.

Em alguns aspectos, os esforços dos democratas para destituir Donald Trump foi, na verdade, uma bênção para o presidente. Eles permitiram que Trump colocasse seus senadores e representantes republicanos mais próximos a ele do que nunca, e era comum nas notícias da televisão americana e programas de comentários na época, ver figuras políticas sobre o direito de fazer declarações públicas de lealdade a seu líder e denunciando a "caça às bruxas" contra ele. Também serviu para despertar os elementos mais extremos da base de Trump para a ação, reafirmando qualquer fé que tenham tido nele. Foi todo um *QAnon*, mais uma vez, disseram alguns, evocando a teoria da conspiração de direita, tocada pela primeira vez em 2017 por uma fonte anônima online, alegando ter acesso a documentos secretos que provam que os democratas, o FBI e funcionários do governo estavam tentando derrubar o presidente. Isto, por sua vez, lembrou a muitos na base de Trump o escândalo "Pizzagate", um boato bizarro, mas amplamente difundido que se espalhou pouco antes das eleições de 2016, de que Hillary Clinton e outros democratas proeminentes estavam envolvidos em uma rede de pedofilia que se consumava em uma pizzaria e uma pista de boliche em Washington.

MANTENDO OS AMERICANOS SEGUROS

Se a ideia de um estado malicioso administrativo profundo parece fantasiosa, é mais plausível imaginar que os serviços de segurança da América perseguem suas próprias agendas, às vezes, escondidas. Organizações como como o FBI e a CIA são, por natureza, sigilosas e, muitas vezes, é interessante ao governo não saber a extensão total de suas atividades para que a negação plausível possa ser reivindicada quando operações controversas dão errado.

Já conhecemos os irmãos Dulles, cujo mandato pós-guerra na CIA, para promover os interesses da América em torno do mundo, especialmente contra a União Soviética, selou sua reputação como uma organização disposta a agir com ex-nazistas, políticos usurpadores, grupos terroristas e ditadores, a fim de alcançar seus objetivos. Mas, descontando os casos em que tanto a CIA como o FBI excederam suas atribuições no que poderia ser descrito como um excesso de zelo e colocando de lado os ainda não comprovados envolvimentos da CIA no assassinato do Presidente John F. Kennedy, em 1963, é difícil descrever muitas de suas ações como inegavelmente estado profundo.

Uma exceção notável foi o escândalo Irã-Contra, de 1985. Isto se desenvolveu quando foi revelado que a administração do Presidente Ronald Reagan havia quebrado um embargo internacional de armas, vendendo ilegalmente armas a seu inimigo declarado, o Irã, em uma longa guerra daquele país com seu vizinho, o Iraque (que os EUA estavam apoiando e financiando abertamente na época). Quando este negócio ilícito veio à luz, a América já tinha vendido 1.500 mísseis para o Irã por US$ 30 milhões. O negócio de armas foi arranjado não apenas por dinheiro, mas também em troca de ajuda iraniana para liberar reféns americanos mantidos pelos combatentes do Hezbollah apoiados pelo Irã no Líbano. No entanto, com US$ 30 milhões para mendigar, a Agência de Segurança Nacional (NSA), mais tarde, foi encarregada de desviar os pagamentos aos rebeldes da direita do tráfico de drogas na Nicarágua, conhecidos como Contras, que estavam tentando derrubar o governo socialista sandinista do país. A figura chave no caso era um oficial da NSA chamado Tenente-Coronel Oliver North, que em um testemunho explosivo e televisivo, da audiência do Congresso, em 1987, revelou o funcionamento do acordo Irã-Contra e disse aos seus questionadores que ele acreditava que o Presidente Reagan estava plenamente ciente da operação - uma alegação que Reagan, inicialmente, negou e, mais tarde, admitiu.

Embora o caso Irã-Contra fosse ilegal e repugnante, ele não era, a rigor, uma ação do estado profundo. Mas o que veio depois era. Quando o negócio de armas foi feito, os iranianos foram instruídos a pagar a taxa de US$ 30 milhões ao Bank of Credit & Commerce International (BCCI), registrado em Luxemburgo. Esta era uma instituição conhecida nos círculos de inteligência como o "banco de bandidos e criminosos" e, depois de entrar em liquidação, em 1991, as investigações trouxeram provas intrigantes de que o BCCI pode muito bem ter sido uma organização de fachada, de propriedade parcial e operada pela CIA, que usou partes dos fundos nele depositados para correr fora dos livros de operações sujas não sancionadas pelo governo dos EUA. Atividades financiadas pelo BCCI e realizadas pela CIA teriam incluído lavagem de dinheiro, vendas de armas, patrocínio ao terrorismo, tráfico de drogas, contrabando de ouro e outras atividades nefastas conhecidas coletivamente como "a rede negra". Ainda hoje, as atividades da CIA com o BCCI permanecem pouco claras - prova, talvez, de que foi um dos mais bem-sucedidas da agência no estado profundo das empresas.

O maior segredo dos Estados Unidos

O papel da NSA no caso Irã-Contra foi um raro exemplo disso exposto ao escrutínio público. Fundada em 1952, o papel principal da NSA era, e ainda é, a coleta e processamento de todas as formas de rádio, telefone, comunicação elétrica e digital no país e no exterior. Mas, com o tempo, a organização construiu sua base de poder às custas de seus irmãos mais famosos, o FBI e a CIA. Hoje, a NSA tem o maior orçamento e o maior número de funcionários de todas as 17 agências de inteligência da América e seu poder continua a crescer, juntamente com sua tendência de agir independentemente de qualquer supervisão oficial.

A fonte do crescimento da NSA tem sido a enorme expansão da internet, do mundo digital e da telefonia móvel desde os anos 90. O trabalho da NSA é monitorar cada chamada telefônica, e-mail, transação com cartão de crédito, texto, tweet, Instagram e publicação no Facebook, o dia todo, todos os dias. Está infiltrada nas gigantes da mídia, como Google e Yahoo, nem sempre legalmente, e processa cerca de dois bilhões de comunicações cada ano. Tem postos de escuta em todas as embaixadas e consulados dos EUA e tem incomodado os de muitas outras nações. Este pequeno resumo do trabalho da NSA é apenas uma fração de suas atividades, e nós sabemos o que sabemos por causa do denunciante e do ex-contratado da NSA, Edward Snowden.

A NSA é tão sigilosa que não se sabe quantas pessoas trabalham lá. Pensa-se que tenha 35.000-55.000 funcionários, mas, também, supervisiona um império de empresas e operadores privados que poderia representar até 500.000 pessoas. Com um valor de US$ 11 bilhões no orçamento, a NSA é praticamente uma pequena nação: uma nação do estado de segurança. Como veremos no próximo capítulo, a NSA, frequentemente, conduz operações de escutas ilegais e vai muito além das funções sancionadas pelo governo em relação a quem e como ser monitorado.

Gravador da caixa preta: a sede da Agência Nacional de Segurança (NSA), de alta tecnologia e ultrassecreta em Fort Meade, Maryland.

Desde as eleições presidenciais de 2016, as relações entre os serviços de inteligência e a Casa Branca têm sido tensas, para dizer o mínimo. Ao fazer o trabalho de investigação de possíveis interferências da Rússia na campanha presidencial pró-Trump, o FBI, em particular, sofreu o desagrado de Donald Trump. Ele demitiu o diretor do FBI, James Comey, em maio de 2017, e demitiu seu substituto, o diretor interino Andrew McCabe, apenas alguns meses mais tarde. Em uma versão dos eventos, ambos os homens faziam parte da trama liberal de estado profundo para destituir Trump em um golpe; em outra versão, eles eram danos colaterais na luta do presidente para esconder a verdadeira história de como ele foi eleito líder do mundo livre a mando do russo Vladimir Putin.

O papel da Rússia nas eleições de 2016, ou não, é um assunto de alguma disputa. O que é claro, entretanto, é que os EUA, em virtude de sua riqueza, poder e política, é particularmente suscetível a uma multiplicidade dos estados profundos de interesses tão profundamente embutidos que podem ser impossíveis de remover.

CAPÍTULO 9

ESTADOS PROFUNDOS DIGITAIS

EMBORA SEJA APENAS parte integrante de nossa vida diária desde o início dos anos 2000, é impossível imaginar a vida sem sua dimensão digital hoje em dia. Nossos smartphones e computadores são os meios pelos quais nos comunicamos, como descobrimos coisas sobre o mundo. Eles nos mostram o que pensar e, se alguns estudos científicos estão corretos, estão mudando como nós também pensamos.

A tecnologia está se desenvolvendo tão rapidamente que está sendo impossível que as leis e normas morais aceitas acompanhem o ritmo, deixando uma lacuna ética que estamos lutando para superar. Esta é uma boa notícia para aqueles que fazem ou possuem grandes tecnologias, ou que melhor entendem como lucrar com suas possibilidades. Este capítulo examina como a revolução digital aconteceu e as corporações que cresceram acumulando um enorme poder a partir dela, por meios justos e sujos. Depois, veremos como os maus atores estão usando o espaço digital para influenciar as escolhas sociais e políticas que fazemos, especificamente na eleição presidencial dos EUA e no referendo Brexit, de 2016. Finalmente, vamos investigar o que as três nações mais ativas do mundo cibernético estão fazendo para esculpir suas próprias zonas de influência na esfera virtual.

ESTADOS PROFUNDOS CORPORATIVOS DIGITAIS

Microsoft, Apple, Google, Amazon e Facebook são as cinco grandes corporações de tecnologia que têm o maior alcance e as maiores influências globais nos dias de hoje. Suas histórias coletivas são as da internet e do desenvolvimento da própria cultura digital, incluindo suas incríveis conquistas e seus graves erros. Isto leva a atividades disfarçadas e, às vezes, ilegais em busca de mais clientes, mais usuários, mais dados e mais lucros. Parte disto vem de uma falta de supervisão por parte de legisladores e políticos que, muitas vezes, não entendem exatamente o que essas empresas fazem e, geralmente, se contentam em deixá-las regular por si mesmas. Nos últimos anos, após denúncias de irregularidades e abusos de poder, foram feitas tentativas para conter a influência das *big tech*. Mas será tarde demais? Nesta seção, veremos como a tecnologia chegou a ser grande, e se agora é maior do que os governos que, em teoria, a controlam.

ARPANET e Microsoft: onde tudo começou

Todos os aficionados de computadores sabem que a internet e o e-mail, em suas primeiras formas, surgiram a partir do Departamento de Defesa da Guerra Fria dos EUA, programa para criar compartilhamento de informações e sistemas de comunicação para os serviços militares e de inteligência que poderiam sobreviver a um ataque nuclear contra os Estados Unidos por parte da União Soviética. Esta primeira rede se chamava ARPANET (Rede de Agências de Projetos de Pesquisa Avançada) e entrou em funcionamento em 1969.

Seriam mais 20 anos antes de qualquer pessoa fora do Pentágono pudesse se beneficiar da tecnologia que criou a ARPANET. Esse momento chegou em 1989, quando um cientista informático britânico chamado Tim Berners-Lee, localizado no instituto de pesquisa nuclear CERN na Suíça, desenvolveu um programa de pesquisa no estilo ARPANET chamado *World Wide Web*, e o que hoje chamamos de internet. Nas duas décadas entre a ARPANET e o lançamento do *World Wide Web*, uma enorme explosão na computação doméstica e empresarial criou centenas de milhões de usuários agora capazes de contatar outros instantaneamente por meio do e-mail e com um recurso que, potencialmente, tornou todo o conhecimento humano disponível. Alguns, na época, instaram cuidado - e regulamentação - ao lidar com este novo mundo virtual, mas eles foram, em grande parte, desconsiderados assim que a humanidade rapidamente abraçou a nova realidade. Ainda estamos lidando com as implicações disso atualmente, enquanto vivemos uma revolução digital acontecendo em tempo hiper-real.

A ascensão da Microsoft

Os primeiros empreendedores de tecnologia da América fizeram seus nomes no Norte da Califórnia, emergindo da contracultura pós-hippy da área e construindo ideias de liberdade e liberalismo antiautoritário desde o início. Steve Jobs e Steve Wozniak, por exemplo, que fundaram a Apple, em 1976, tipificaram a geração de cabelos longos e homens jovens barbudos (eram poucas as mulheres) que tinham trabalhos de tecnologia 'corretos' de dia, mas à noite se reuniam em lugares como o Homebrew Computer Club, em Menlo Park, na Baía de São Francisco, desenvolvendo suas habilidades de *hacking*, construindo seus próprios computadores e aperfeiçoando a arte de '*phreaking*', o acesso ilegal e reconfiguração de redes de telecomunicações para dar aos usuários chamadas telefônicas ilimitadas e gratuitas em todo o mundo.

A ideia de que grande parte do mundo digital deve ser gratuito ainda existe, e isso tem tido grandes implicações sobre o desenvolvimento de como funcionam os estados profundos digitais, além de ser uma força motriz por trás de muitos grupos de hacking e entidades tais como Wikipédia. Mas, há uma dimensão comercial, também, e é grande. Quando Bill Gates fundou a Microsoft, em 1975, seguido pela Apple de Jobs e Wozniak um ano depois, os empresários em início de carreira tiveram que tomar uma decisão: incorporar seus ideais de hacking e phreaking em suas novas empresas, ou transformar seus negócios em empresas proprietárias. Com o mercado de computadores domésticos crescendo exponencialmente durante as décadas de 1980 e 90, e bilhões de dólares em oferta, não houve contestação.

A Microsoft, em particular, tinha monopolizado o software do computador pessoal (PC), deixando a Apple com seus produtos mais caros e de maior especificação, para ser a marca de escolha para mais atividades de nicho, como publicação e design. A Microsoft era tão dominante que foi o tema de inúmeras alegações de práticas restritivas, que resultaram na sua tentativa por operar como um monopólio em 1998. O caso se centrava nas lutas da Microsoft com seu rival mais jovem, a Netscape, para controlar o acesso à nova Internet emergente. No início dos anos 90, a Netscape tinha capitalizado com a abertura da World Wide Web e, rapidamente, lançou seu navegador Netscape Navigator e obtinha 75% do mercado até 1994. A Microsoft, ansiosa para invadir o mundo on-line, desenvolveu seu próprio navegador, o Internet Explorer (IE), integrando-o ao sistema operacional Windows que praticamente todos PCs usavam na época. Ao dar o IE 'grátis' a todos os usuários de PCs, a Microsoft assegurou que a Netscape nunca tivesse uma chance de ganhar dinheiro com o Navigator. Hoje, a Netscape é vista como pouco mais do que uma nota de rodapé no início da história da internet, uma vítima da poderosa Microsoft na guerra pelo navegador dos anos 90.

Após um julgamento de dois anos, o juiz Thomas P. Jackson decidiu, em abril 2000, que a Microsoft estava de fato operando em um monopólio e ordenou que a empresa fosse desmembrada sob os termos da Lei Sherman Antitruste. Não foi uma decisão que a empresa aceitou facilmente. Em 1998, quando o julgamento começou, o democrata Bill Clinton era presidente. Mas, com as eleições intermediárias que ocorreriam no mesmo ano, o apoio da Microsoft tradicionalmente aos democratas, mudou de rumo e a empresa usou seu poder de lobby para apoiar os candidatos do Partido Republicano em vez disso, assegurando que o Grande Partido Antigo mantivesse suas maiorias em ambas as casas do Congresso e reduzindo a capacidade da administração democrata de processar seu caso contra a Microsoft de forma mais vigorosa. Embora isto tenha atrasado o processo legal, não o impediu, e depois da decisão do juiz Jackson, a Microsoft apresentou um recurso e jogou seu peso por trás dos republicanos novamente nas eleições presidenciais de 2000, o candidato do partido, George W. Bush, que havia declarado publicamente, durante a campanha, que não teria aprovado a ação contra a Microsoft e não apoiaria o desmembramento da empresa.

Escritório da Microsoft: a sede da corporação, conhecida como o Campus Redmond, próximo a Seattle.

Bush ganhou as eleições e, dentro de um ano, sua administração chegou a um acordo com a Microsoft. Em troca de permitir a entrada em teoria de softwares não criados pela Microsoft para serem usados nos sistemas operacionais Windows, a empresa foi autorizada a permanecer intacta. Tendo alcançado a decisão desejada, a Microsoft voltou a digitar e colocar 61% de seu financiamento político à disposição do Partido Democrata em 2004. No entanto, este não foi o fim das pendências jurídicas da Microsoft: em 2013, os reguladores da União Europeia multaram a empresa no valor recorde de US$ 732 milhões por ter abandonado seu acordo para permitir usuários do Windows baixar navegadores web não-Microsoft mais facilmente.

GRANDE TECNOLOGIA, GRANDES PROBLEMAS

O acordo de 2001 da Microsoft com o governo dos EUA foi visto, na época, como uma vitória pelas gigantes de tecnologia. Ela permaneceu única e indivisível, após tudo. Mas, também pode ser visto como um momento em que Bill Gates foi forçado a abrir relutantemente a porta para que outros empresários digitais se juntassem à revolução da internet. O resultado, de acordo com alguns conhecedores contemporâneos a especialistas jurídicos, seria um enorme aumento em inovação e concorrência. Nisto, eles estavam apenas meio certos. Desde 2001, o mundo digital tem visto um incrível desenvolvimento técnico, um atrás do outro - e o estreitamento de sua "propriedade" a um grupo cada vez menor de magnatas que, em uma época mais precoce, provavelmente, teriam sido chamados de barões ladrões.

Facebook, Amazon, Apple e Google (FAAG) são os quatro maiores "herdeiros" do acordo da Microsoft. Agindo individualmente e, às vezes, também em conjunto, eles estão escrevendo o livro sobre como as big techs determinam o que o mundo digital é e o que pode ser. No processo, eles estão remodelando a sociedade, em grande parte, livre de controle ou supervisão, e quando são feitas tentativas de regulamentá-los, geralmente, aparecem os recursos e o poder do estado profundo para que sigam seu próprio caminho.

A mídia antissocial do Facebook

Em 2019, a receita do Facebook foi de US$ 70,7 bilhões e seu valor de mercado: US$ 520 bilhões. Como a plataforma é de uso livre, a grande maioria de sua renda - quase 72% - provém de anunciantes famintos pelos dados dos 2,5 bilhões de usuários do Facebook, um terço da população mundial. O que acontece com esses dados é fonte de alguma controvérsia e será examinado com mais detalhes nas páginas 241-3. Aqui vamos nos concentrar em como o Facebook usa sua riqueza e poder para administrar a concorrência e comprar influência política.

Como a rede social preeminente do mundo, o Facebook lida com rivais em potencial, alcançando sua carteira. Um mestre da aquisição defensiva, o Facebook empregou esta estratégia em 2012, quando pagou pela plataforma baseada em fotos, Instagram, US$ 1 bilhão (hoje vale US$ 100 bilhões) e pelo aplicativo de celular baseado em mensagens, WhatsApp, em 2014, US$ 19 bilhões. Permitindo que marcas como o Instagram, de perfil mais jovem, permaneçam em operação, dá acesso a novos mercados ao Facebook, mas igualmente importante, cria a ilusão de competição. Três plataformas de mídias sociais muito grandes parecem muito menos um monopólio do que uma enorme.

Quando são feitas perguntas sobre a posição dominante do Facebook, a empresa está pronta para lidar com elas. Em 2019, gastou US$ 16,7 milhões em lobby, mais do que qualquer outro gigante tecnológico, e reteve 71 lobistas - 66 dos quais eram giratórios. Em março de 2019, o jornal *Guardian* e a revista *Computer Weekly* adquiriram um memorando do Facebook que revelou como a organização exerceu influência política, deixando claro para países como a Índia, Vietnã, Argentina, Brasil e Malásia que reteria investimentos em suas economias, a menos que eles apoiassem ou passassem leis favoráveis ao Facebook. O governo do Canadá foi informado de que um novo centro de dados do Facebook seria realocado se as disputas jurídicas local não fossem resolvidas a favor da empresa - e elas foram. Na Europa, o Facebook pressionou a União Europeia a diminuir os protocolos de uso de dados na proposta da Regulação de Proteção Geral de Dados (GDPR), que entrou em vigor em maio de 2018. Especificamente, no memorando, apareceu que o Facebook estava visando o então primeiro-ministro irlandês, Enda Kenny, como seu representante anti-GDPR, ressaltando que a sede europeia do Facebook estava sediada em Dublin e empregava centenas de habitantes locais. Como a empresa é um grande investidor na economia irlandesa, Kenny foi descrito como um "amigo do Facebook" que, com a Irlanda, deverá assumir o controle da presidência da UE, estando em posição de "influenciar as decisões europeias da Diretiva de Dados ". O acadêmico de Cambridge e especialista em tecnologia, John Naughton, disse ao *Guardian* que isso era pouco mais do que "vassalagem" da Irlanda ao Facebook, uma empresa que ele descreve como um "monstro de dados". O memorando também afirmava que Kenny ofereceu-se para usar a "influência significativa" da presidência da UE em favor do Facebook, uma alegação negada por Kenny.

O memorando vazado também nomeou o então chanceler do Reino Unido, George Osborne, como um potencial aliado em sua luta contra a GDPR, alegando que ele teve uma reunião com o CEO do Facebook, Sheryl Sandberg, no Fórum Econômico Mundial em Davos para discutir o assunto, dizendo-lhe que "descobriria como se envolver mais". Então, em outubro de 2018, o Facebook surpreende o mundo dos negócios e da política revelando Nick Clegg, o ex-vice-primeiro-ministro do Reino Unido, como seu novo vice-presidente de assuntos e comunicações globais. Clegg disse que estava assumindo o papel de relações públicas e lobby porque estava "convencido de que a cultura estava mudando" na empresa após alegações de mau uso de dados e facilitação do Facebook na interferência russa nas eleições presidenciais americanas e no referendo no Reino Unido do Brexit, de 2016. Em uma conferência tecnológica em janeiro 2020, Clegg disse a seu público: "Estamos ficando cada vez melhores na proteção das eleições contra interferências estrangeiras". No entanto, este não se ajustou bem à visão oficial em Westminster quando, em março de 2020, os ministros conservadores da Grã-Bretanha foram instruídos a mudar a linha oficial do governo de que "não houve exemplos concretos" de interferência russa nas recentes votações nacionais britânicas, que abrange tanto o referendo Brexit quanto a eleição geral de dezembro de 2019. Isto implicava que o Facebook e outras plataformas de mídias sociais permaneceram abertas a abusos quase quatro anos após os escândalos de 2016 e suas promessas de melhoria.

Google: fazendo a coisa certa?

O grande vencedor nas guerras dos navegadores dos anos 90 foi o Google. Enquanto a Netscape e a Microsoft lutavam contra isso, em 1998, dois empreendedores de tecnologia chamados Larry Page e Sergey Brin criaram um navegador cuja interface simples e organizada era fácil de usar e cuja tecnologia mostrava resultados de pesquisa rapidamente e em maior volume do que seus rivais. Foi um grande sucesso e logo fez do Google o mecanismo de busca mais popular do mundo.

Sir Nick Clegg, ex-vice-primeiro-ministro do Reino Unido e, desde 2018, o homem mais alto no cargo de RP do Facebook.

Hoje, o Google se expandiu muito além de suas operações de mecanismo de busca. Por meio de sua empresa matriz Alphabet, ele abraça múltiplas empresas e serviços. Além de possuir a forma como procuramos na internet, supervisiona a forma como 1,5 bilhões de usuários do Gmail se comunicam uns com os outros e a que 2 bilhões de telespectadores do YouTube assistem. Crucialmente, é proprietário e roda o sistema operacional Android que alimenta 2,5 bilhões de aparelhos telefônicos em todo o mundo; além disso, também possui o Google Play, o centro de downloads que determina quais aplicativos e jogos os telefones e dispositivos Android podem usar. A Propriedade do Google Play permite que a empresa classifique seus produtos acima da concorrência e remova aplicações rivais com pouca ou nenhuma notificação e por qualquer razão. O Google pode preferir seus produtos em sua busca motor também, uma prática pela qual foi citado pela UE em 2016. Um ano mais tarde, uma investigação do *Wall Street Journal* revelou que o Google ainda estava nisso, relatando como as buscas por itens como laptops e telefones retornaram produtos relacionados ao Google no topo da classificação do site em 91% das tentativas.

Cada movimento que você faz no Google é monitorado, registrado e lembrado. Isto significa que a empresa tem dados incrivelmente detalhados sobre cada chamada telefônica, texto, e-mail, viagem, visualização do YouTube, pesquisa e compra que você faz. Como o Google utiliza esses dados para si mesmo e os vende a terceiros, a empresa se viu em problemas regulatórios várias vezes. Em 2012, o Google foi multado em US$ 22,5 milhões pelos reguladores americanos por não ter apertado suas práticas de mineração de dados - uma cifra que foi ananicada pelos € 2,42 bilhões, € 4,34 bilhões e € 1,49 bilhões de multas que lhe foram entregues pela UE por abusos de poder em 2017, 2018 e 2019. Nos Estados Unidos, em setembro de 2019, o Google pagou US$ 170 milhões a FTC (Comissão Federal de Comércio) por reclamações de que o YouTube, de propriedade do Google, tinha recolhido intencionalmente e ilegalmente informações pessoais sobre os telespectadores pré-adolescentes e vendido os dados para os anunciantes. Os defensores da privacidade reclamaram que a multa era uma gota no oceano, e que nenhum indivíduo no Google ou no YouTube estava processado ou censurado. Com uma receita anual de US$ 132,2 bilhões em 2019, o Google é facilmente capaz de absorver qualquer multa imposta a ele, e com quase 63% de sua renda derivada da engenharia de publicidade nas buscas e 16% de publicidade no YouTube, a empresa tem poucos motivos para acabar com sua política de pedir perdão ao invés de procurar permissão quando se trata de alegações de uso indevido de dados.

Esta pode ser uma das razões pelas quais o Google cortou seu orçamento de lobby nos últimos anos, reduzindo-o quase pela metade, para US$ 12 milhões em 2019, por exemplo, e despedindo metade de seus 103 lobistas. Como a Apple, o Google está cortando o intermediário e indo direto para o topo, sempre que possível, em sua busca de alavancagem. Este é especialmente o caso na Europa, onde o Google tem colocado fim a algumas multas importantes no final da década de 2010, conduzindo a empresa para fazer contratações de alto nível no Reino Unido a partir de Downing Street, da Home Office, do Tesouro, do Departamento de Educação e do Departamento de Transportes para ampliar sua influência. O Google também foi hábil em colocar seu povo na política. Em 2016, a primeira-ministra britânica, Theresa May, nomeou a baronesa Joanna Shields, uma ex-diretora administrativa do Google, como sua ministra para segurança da internet e, alguns anos antes, David Cameron nomeou o presidente executivo do Google, Eric Schmidt, para seu conselho consultivo empresarial.

As águas inexploradas da Amazon

A maior loja de departamentos do mundo digital, a Amazon, realmente tem de tudo para todos. Não é de admirar, portanto, que seu fundador, Jeff Bezos, seja o homem mais rico do mundo, com uma fortuna estimada em US$ 150 bilhões em 2019. Quanto à sua empresa, faturou US$ 278,8 bilhões no mesmo ano, e foi avaliada em US$ 873,4 bilhões.

Quase a metade de todo o comércio eletrônico passa pela Amazon, tanto das vendas autogeradas quanto da de terceiros, e isso pode deixar os vendedores vulneráveis aos instintos predatórios da empresa. Por exemplo, não é inédito para a Amazon replicar os produtos de empresas de porte menor e vendê-los com suas próprias marcas, a preços mais baratos. Foi somente em 2019 que a Amazon nos EUA relutantemente levantou uma restrição de longo prazo que proibia fornecedores terceirizados de vender

O fundador da Amazon e o homem mais rico do mundo, Jeff Bezos.

suas mercadorias mais baratas em outro lugar, uma política que tinha sido forçada a abandonar na Europa, em 2013. Embora esta tenha sido uma boa notícia para os rivais menores, em termos práticos, não é do interesse deles barrar arbitrariamente qualquer vendedor seu se ficar com eles.

Tão importante quanto o comércio eletrônico é para a Amazon, que a empresa está aumentando mais dois de seus negócios digitais: Amazon Web Services (AWS) e a publicidade online. A AWS é um dos principais players em armazenamento de dados baseado em nuvem e controla um terço do mercado, tornando-se maior que o possivelmente mais conhecido Google Cloud e o Azure, da Microsoft. O crescimento da AWS nos anos 2010 foi tão rápido que, no final de 2019, a FTC começou a investigar a Amazon por alegações de que teria pressionado potenciais parceiros comerciais a usar seu serviço na nuvem se quisessem trabalhar com a empresa em outras áreas. No momento que escrevo, esta sondagem ainda está em andamento. Em relação à publicidade online, a Amazon tem uma vantagem competitiva sobre outros 'monstros de dados', Facebook e Google, na medida em que tem informações muito detalhadas sobre os históricos de compras de seus clientes. Estes são os detalhes pelos quais os marqueteiros e os anunciantes pagam preços especiais para adquirir.

Em 2019, a Amazon gastou US$ 16,7 milhões em lobby e procurou influenciar os legisladores de Washington em mais questões que qualquer uma de suas rivais. Entre seus lobistas está Jay Carney, o assessor de imprensa do ex-presidente Barack Obama e uma pessoa bem relacionada em D.C. Carney é um dos mais de 100 lobistas da Amazon, dos quais 74% são giratórios. Além disso, o próprio Jeff Bezos passa muito tempo em Washington, e é um participante regular em prestigiosos eventos de grandes empresas, como o super investidor Warren Buffet e Allan Greenspan, ex-presidente da Federal Reserve Bank. Os contatos de alto nível de Bezos são parte de uma estratégia concertada para que a Amazon tenha contratos lucrativos com o governo para armazenar arquivos militares e civis na nuvem. Em 2018, a Amazon estava na linha para ganhar um contrato de US$ 10 bilhões com o Pentágono, conhecido como "Jedi", frustrado apenas no último minuto por reclamações da IBM, Oracle e Microsoft de que a Amazon tinha desenvolvido um relacionamento com um ex-presidente do Pentágono durante o processo de licitação. Embora a Microsoft tenha, eventualmente, ganho o contrato, a Amazon, com seu poderoso exército de lobistas de Washington, foi capaz, em março de 2020, de fazer com que o Departamento de Defesa reconsiderasse sua concessão do 'Jedi' à Microsoft e Jeff Bezos pudesse, ainda, prevalecer nesta luta.

Ao mesmo tempo em que tentava fechar o 'Jedi', a Amazon também estava negociando para sediar um portal de comércio eletrônico do governo no valor de US$ 50 bilhões que, se bem sucedido, tornaria Jeff Bezos o escritório oficial de fornecimento da América. Quando uma aliança de fornecedores chamada Conselho de Informação da Indústria Tecnológica (ITI) se opôs à proposta da Amazon, a empresa revidou ao assumir efetivamente o ITI e, depois, formando uma associação comercial própria, chamada Aliança para Inovação Digital (ADI), um consórcio de pelo menos

19 empresas ligadas à nuvem da Amazon, excluiu Microsoft, Google, IBM e Oracle – os maiores concorrentes da Amazon em Washington.

A mosca na sopa para as ambições da Amazon desde 2016 tem sido a antipatia entre o presidente Donald Trump e Jeff Bezos. Isto é, em parte, motivada pela propriedade de Bezos do *Washington Post*, que tem sido crítico com a administração de Trump, mas que, segundo Bezos, permanece editorialmente independente. No entanto, esta é apenas uma questão menor para a empresa. A Amazon tem preocupações mais a longo prazo do que a presidência Trump, e se ela for bem-sucedida em suas ambições do "Jedi" e do comércio eletrônico do governo, seu estado profundo de esforços terá ajudado a empresa a se integrar firmemente no próprio estado legítimo como guardião de alguns dos segredos civis e militares mais sensíveis dos Estados Unidos da América

Apple chega em casa

Em operação desde 1976, a Apple é hoje um dos mais velhos sábios do mundo digital. Ao contrário da maioria de seus rivais, ela deriva a grande maioria de suas receitas da fabricação de hardware, principalmente iPhones, mas também iPads e computadores. Globalmente, os iPhones são responsáveis por menos de 23% do mercado móvel – e como o preço médio para um iPhone é de cerca de US$ 800, contra um custo médio do Android de US$ 500, a diferença de lucro não é tão grande quanto parece inicialmente. Porém, esse lucro, o venerável status da Apple e sua história de inovação e reinvenção são a razão pela qual sua capitalização de mercado em 2019 foi de US$ 1,09 trilhão, superior a qualquer um de seus rivais, e sua receita foi de US$ 259 bilhões.

O controle da Apple sobre seu hardware é rígido (literalmente assim, pois seus dispositivos são famosamente difíceis de serem desvendados). Mas, quando se trata de software, seu controle é menos seguro, o que o levou a se envolver em questionáveis práticas para proteger sua posição. A App Store, controlada pela Apple, representou US$ 16 bilhões da receita da empresa em 2019, e é um mercado lucrativo em que outros desenvolvedores de aplicativos precisam estar presentes. Para ganhar com a App

Store, eles devem pagar à Apple 30% de comissão para cada download adquirido, uma taxa alta e que levou, em junho de 2019, um grupo de desenvolvedores a entrar com uma ação judicial contra a empresa por atuar como um "monopólio abusivo". Esta comissão e os usuários insatisfeitos da App Store reclamam, forçando-os a aumentar seus preços para compensar o "imposto" da Apple. A Suprema Corte na América concordou, decidindo em 2019 que os clientes da App Store poderiam processar a Apple por aumentar o custo dos produtos em seu site.

Em matéria de impostos, os acordos fiscais da Apple não têm sido sem controvérsia. Durante vários anos, de 2004 a pelo menos 2014, a empresa sediada na Califórnia manteve seu dinheiro em outro lugar, empregando uma técnica contábil complicada chamada "Duplo irlandês com um sanduíche holandês", que roteava dinheiro através das subsidiárias irlandesas e holandesas, e, em seguida, para o Caribe. Em 2004, um terço da receita da Apple foi realizada na Irlanda. Desta forma, a empresa pagou apenas 2,2% de imposto sobre os lucros estrangeiros. No início dos anos 2010, não estava pagando praticamente nenhum imposto em grandes áreas de seus negócios.

Um relatório do Senado dos EUA de 2013 revelou que os negócios irlandeses que dirigiam as operações da Apple na Europa não tinham funcionários, e eram, portanto, uma empresa de fachada. Isto foi seguido em 2016 pelos comissários de concorrência da EU, alegando que a Apple tinha recebido "ilegal auxílio estatal" da Irlanda e multou a empresa em €13 bilhões, a maior multa de imposto corporativo já aplicada. Curiosamente, o governo irlandês ficou ao lado da Apple neste caso, não querendo ver a empresa levar suas receitas para outro lugar. A Apple e a República da Irlanda, depois disso, abandonaram a configuração "Duplo irlandês" e a substituíram por algo chamado de acordo CAIA, que custou US$ 300 bilhões de dólares em dinheiro da Apple, armazenados com segurança na Ilha Esmeralda. O Prêmio Nobel Paul Krugman chamou este truque financeiro de "Economia do Duende".

Tudo isso mudou em 2018, após as polêmicas reformas fiscais de Donald Trump, após as quais a Apple repatriou muitos dos seus fundos offshore, assinando um cheque de U$ 38 bilhões por um custo reduzido em impostos pendentes com o Tesouro dos EUA no processo. A "repatriação" da Apple foi o resultado de dois anos de cuidadosa política de discussões entre Tim Cook, o CEO da empresa, e o próprio Donald Trump. Jogando inteligentemente com os instintos populistas e nacionalistas do presidente, Cook persuadiu Trump de que a injeção da Apple de mais de U$ 300 bilhões na economia dos EUA seria uma grande vitória política e que ele estava preparado para deixar a Irlanda em troca de isenções fiscais preferenciais. Trump também foi capaz de se basear nas afirmações de Cook de que, desde que se tornou presidente, a Apple havia aumentado sua "pegada de trabalho" nos EUA para 2,4 milhões de trabalhadores (na realidade, emprega cerca de 130.000 pessoas na América).

Ao desempenhar o papel de cortesão lisonjeador, Tim Cook conseguiu tudo o que precisava de Donald Trump, extraindo sua empresa de uma situação delicada e ganhando do presidente no processo. De todos os grandes chefes tecnológicos, Tim Cook é muito a maçã dos olhos de Trump.

De novos barões ladrões a vilões de Bond

Microsoft, Facebook, Google, Amazon e Apple são a Standard Oils and J.P. Morgans da era digital, corporações gigantes que emergiram do pacote em uma era dinâmica e sem paralelo na inovação e que acordaram uma manhã para se encontrarem no comando de tudo - não oficialmente, pelo menos.

Os governos - e os reguladores governamentais - têm lutado para acompanhar o ritmo das mudanças tecnológicas que as big techs têm impulsionado, e as ferramentas à sua disposição, geralmente, não são suficientes para manter as empresas na linha. As pessoas que dirigem os gigantes digitais sabem disso, portanto, há pouco incentivo para mudarem o que fazem, se os riscos envolvidos não forem maiores do que as recompensas por práticas comerciais ruins. Proprietários de empresas, gerentes e executivos nunca são considerados pessoalmente responsáveis por má ação, portanto, mesmo que sejam pegos quebrando as regras, os indivíduos sabem que podem se esconder atrás de seus firewalls corporativos. Além disso, as multas aplicadas contra o mal comportamento nas empresas de tecnologia são simplesmente pequenas demais para forçar uma mudança no comportamento, especialmente quando as equipes de advogados especializados giram deliberadamente para garantir os processos de apelação e utilizam táticas para que os casos se arrastem por anos ou, às vezes, fiquem "esquecidos" quando novos funcionários eleitos tomam posse com laços mais estreitos com as big techs que seus predecessores.

À medida que crescem, as grandes empresas de tecnologia asfixiam a concorrência e inovação, expulsando novas empresas do mercado. Os capitalistas de risco ficam relutantes em investir em empresas promissoras se acharem que as empresas criadas serão compradas ou fechadas por rivais maiores. Apple, Amazon e Google têm ganho vantagens injustas ao possuir plataformas comerciais que garantem que seus produtos sempre tenham destaques.

No entanto, tanto quanto os gigantes digitais competem uns com os outros, eles também conspiram quando é para seu benefício mútuo, agindo como os cartéis que a lei antitruste da América é destinada a proibir. No final de 2018, o *New York Times* ganhou acesso a documentos internos do Facebook que mostram como, mesmo estando envolvido no inquérito do escândalo da Rússia pós-2016, a empresa isentou outras empresas de tecnologia de suas regras de privacidade e lhes deu acesso detalhado aos dados de seus usuários. O mecanismo de busca Bing, da Microsoft, foi autorizado a ver os nomes de quase todos os amigos dos usuários do Facebook sem consentimento, e Netflix e Spotify foram autorizados a ler as mensagens privadas dos usuários do Facebook. A Amazon e o Yahoo também receberam informações privilegiadas dos usuários.

Então, por que os governos e reguladores olham para o outro lado ou pegam leves nas multas e punições quando as big techs agem errado? A resposta, como a maioria das coisas, é o resultado final. Coletivamente, as empresas de tecnologia converteram muitos de seus ativos em US$ 1 trilhão mantidos em contas de obrigações corporativas offshore. Este é o equivalente financeiro de resgates de ransomware, pois significa que as empresas podem ameaçar despejar os vínculos quando o objeto de regulamentação ou a legislação relevante de antitruste é levantada contra eles, um ato que poderia forçar os mercados financeiros a cair e que nenhum governo permitiria acontecer. Desta forma, as grandes empresas de tecnologia se fizeram grandes demais para serem controladas.

INTERFERÊNCIA DE FUNCIONAMENTO

Um aspecto da estratégia eleitoral de Donald Trump em 2016 que funcionou particularmente bem foi sua campanha digital. Uma grande parte disto foi o uso do Facebook para enviar anúncios e posts altamente direcionados a dezenas de milhões de americanos para persuadi-los a votar em Trump ou para não votar em sua rival democrata, Hillary Clinton. Quando os analistas examinaram a atividade da campanha Trump no Facebook, logo apareceu que algo incomum tinha acontecido. Este não é o lugar para ensaiar os detalhes mais finos da Cambridge Analytica (CA) porque, em termos de estado profundo, a questão não é tanto o que a CA fez, mas o quanto o Facebook sabia sobre isso. Absolutamente nada, o fundador e CEO do Facebook, Mark Zuckerberg, afirmou quando enfrentou perguntas sobre o assunto perante o Congresso, em abril de 2018. Os acordos de usuários do Facebook precisavam ser apertados, confessou, tendo sido expostos quando visado por maus atores; os dados de seus usuários eram sagrados, e ele admitiu que o Facebook havia falhado em protegê-los.

A CA, por sua vez, disse que acreditava que os dados tinham vindo de uma boa fonte, enquanto a campanha Trump manteve que tinha comprado os detalhes dos usuários de boa-fé. O homem que gerou os dados, o pesquisador da CA, Alexsandr Kogan, disse aos jornalistas que não tinha quebrado as regras do Facebook na colheita dos detalhes dos 87 milhões de amigos e contatos de 270.000 participantes no quiz deste questionário de vida útil publicado no site em 2014. Com todos alegando inocência, as águas ficaram turvas em 2018, quando um ex-funcionário da CA chamado Christopher Wylie e um ex-gerente de operações do Facebook chamado Sandy Parakilas se apresentaram com alegações prejudiciais de que a CA sabia que os dados estavam comprometidos e que o Facebook estava ciente, durante vários anos, de que as informações de seus clientes não eram suficientemente protegidas. Na onda de recriminações que se seguiu, a CA saiu do mercado e Mark Zuckerberg embarcou em uma visita pública de desculpas onde prometeu corrigir as coisas. Isto não foi suficiente, porém, para evitar uma multa de US$ 5 bilhões da FTC por violações de privacidade de dados, a maior penalidade deste tipo – mas, os críticos do Facebook reclamaram, uma gota no oceano para uma corporação tão rica.

Se o Facebook sabia mais sobre as intenções da CA e as atividades da equipe Trump ainda não está claro. O mesmo se aplica a qualquer conhecimento que possa ter tido da interferência russa na eleição, o que foi confirmado pelo Relatório Mueller, divulgado em abril de 2018. Mas, para se ter uma ideia do que o Facebook tinha a ganhar com uma vitória da Trump em novembro de 2016, vale a pena olhar para trás no referendo do Brexit do Reino Unido, em junho daquele ano.

UM REFERENDO COM FALHAS?

No verão de 2016, o Facebook começou a exibir anúncios e posts alegadamente originários da Rússia, com o objetivo de influenciar o resultado do referendo do Brexit a favor do Leave. Para a Rússia, o Brexit enfraquece significativamente a União Europeia, uma instituição que Vladimir Putin considera um rival na influência de seu país. Grã-Bretanha, especialmente Londres, era também um destino para os fundos roubados do estado russo a serem lavados por meio de propriedades de alto padrão da capital de mercado. Desvincular o Reino Unido da UE, quando já não estiver sujeito a rígidas regulamentações tributárias e de lavagem de dinheiro, foi a fase um do plano dos líderes russos de fazer esconder seus bens roubados mais facilmente; a segunda fase estava cortejando o governo britânico para que permanecesse bem disposto ao investimento russo no capital, um objetivo alcançado por meio de generosas contribuições de campanha ao Partido Conservador no poder para as eleições gerais de dezembro de 2019.

A extensão da interferência da Rússia no referendo de 2016 foi detalhada em um relatório dos serviços de inteligência britânicos em outubro

Christopher Wylie, ex-funcionário da Cambridge Analytica, alegou que o Facebook estava bem ciente de que os dados de seus clientes não estavam sendo devidamente protegidos

2019. No momento em que escrevo, isto ainda não foi publicado. Sem acesso a este relatório, os detalhes das atividades da Rússia permanecem desconhecidos, mas uma linha de suposição comumente aceita é de que o principal grupo da campanha Brexit, Leave.EU, solicitou ajuda e dinheiro tanto da Rússia como da Cambridge Analytica para conseguir o resultado para o Leave. Isto tomou a forma de usar, principalmente, o Facebook (mas também o Twitter) para lançar milhares de anúncios e posts direcionados, contendo histórias assustadoras, notícias falsas, informações falsas e imprecisões factuais com o objetivo de minar o apoio à continuação da adesão da Grã-Bretanha à União Europeia.

Se você acredita ou não que o Facebook foi um participante disposto na tentativa de manipular o pensamento e as intenções de voto de milhões de pessoas, o referendo Brexit pode plausivelmente ser visto como um ensaio para as eleições presidenciais posteriores, no mesmo ano. Este era um voto de que o Facebook e as outras grandes empresas de tecnologia, definitivamente, tinham uma participação, com Donald

Trump mostrando menos inclinação do que Hillary Clinton, para interferir na forma como os gigantes digitais eram regulados e como eles organizaram seus assuntos fiscais e contábeis.

ESTADOS PROFUNDOS DIGITAIS NACIONAIS

Nem todos os estados profundos digitais são entidades corporativas. De fato, porque é um de seus deveres proteger a segurança de um país, estados profundos digitais nacionais podem ser muito mais diretos em suas tentativas de ganhar uma vantagem competitiva contra seus adversários. Os EUA, Rússia e a Coreia do Norte têm três das mais ativas redes de cibersegurança em operação hoje em dia, então, vamos ver como eles se comportam em seus negócios.

Entendendo a NSA da América

Como o maior e mais secreto serviço de inteligência dos Estados Unidos, a Agência Nacional de Segurança (NSA) foi abalada quando, em 2013, um de seus ex-contratados, Edward Snowden, foi a público com revelações prejudiciais sobre suas atividades em estado profundo.

Os detalhes de cada ligação telefônica que entra e sai dos EUA são mantidos pela NSA, revelou Snowden, autorizada pela legislação pós-11 de setembro, conhecida como a Lei Patriot e sob um programa conhecido como Ragtime-P. A NSA monitora todos os e-mails, textos, tweets, publicações no Facebook, compras com cartão de crédito, comunicações e transações de todo tipo. Acessa o funcionamento das empresas de tecnologia Yahoo, Facebook, AOL, Skype, Apple, Verizon, Microsoft, AT&T e Google, coletando dois bilhões de registros por ano em operações conhecidas como PRISM e MUSCULAR. Com um exército de hackers em seus livros pretos, pode infiltrar-se em qualquer computador ou dispositivo móvel, em qualquer lugar, roaming de seus arquivos, instalação de spyware e malware, e assumindo o controle de suas operações.

De acordo com Snowden, a NSA tem postos de escuta em todos as embaixadas e consulados dos EUA, e tem, entre muitas outras infrações do direito internacional, colocado uma escuta nos escritórios da UE, escutou em alemão a chanceler Angela Merkel falando ao telefone, e invadiu os e-mails do presidente do Brasil. Grande parte desta atividade é feita em parceria com o equivalente britânico da NSA, GCHQ (Sede Central das Comunicações do Governo).

Em qualquer país com um sistema judicial "normal", muitas das atividades da NSA seriam reduzidas, mas além de ter um serviço secreto na forma da NSA, a América também tem um sistema secreto legal no tribunal da Vigilância de Inteligência Estrangeira, ou FISA. Este órgão funciona como um carimbo de borracha para as atividades da NSA, dando-lhes a legitimidade que, de outra forma, lhes faltaria. As decisões do tribunal quase nunca são tornadas públicas e só sabemos de suas operações porque Snowden incluiu uma autorização judicial da FISA em seus vazamentos. Em 2013, o ano das revelações de Snowden, o tribunal da FISA assinou 1.800 ordens de vigilância e não recusou um único pedido da NSA.

Além de seu papel defensivo no estado profundo, a NSA opera em uma capacidade ofensiva por meio do Comando Cibernético dos EUA, ou USCYBERCOM, que lança ataques cibernéticos nos inimigos da América, tendo declarado o mundo virtual um 'domínio operacional', o equivalente on-line de um teatro de guerra. Suas atividades são supersecretas, mas, em 2019, pensava-se que tinha sido plantado um malware na rede elétrica nacional da Rússia, causando graves perturbações. Isto foi pensado para retaliar os cortes e cyber-ataques russos sobre alvos americanos.

Dentro das fazendas de trolls da Rússia

Em abril de 2019, quando o conselheiro especial Robert Mueller entregou seu relatório sobre a interferência russa nas eleições de 2016 nos EUA, ele indiciou 12 dos oficiais de inteligência daquele país por crimes de hacking. Este confirmou o que o mundo já sabia: que a Rússia era um grande centro do crime cibernético patrocinado pelo estado.

Todos os funcionários eram empregados pela Agência de Pesquisa na Internet (IRA), em São Petersburgo, a mais notória "fazenda de trolls" do mundo. Pensa-se que seja propriedade de Yevgeny Prighozin, um oligarca russo com laços estreitos com Vladimir Putin, a IRA existe para perturbar e desestabilizar governos e empresas estrangeiras. Os trolls da IRA usam falsas contas no Facebook e Twitter, blogposts e outras mídias sociais para espalhar a discórdia e a desinformação sobre questões consideradas prejudiciais para os interesses da Rússia. As atividades pró-Donald Trump da IRA começaram em julho de 2015, um mês após ele ter declarado sua candidatura à presidência. Uma ação típica da IRA para Trump foi o anúncio comprado em junho de 2016, no Facebook, em nome do falso grupo Mulçumanos Unidos da América que anunciava "Apoie Hillary, salve os Muçulmanos Americanos" organizado pelos agentes da IRA em Washington D.C., em julho de 2016, apenas uma entre centenas de intervenções ilegais pró-Trump/anti-Hillary Clinton. Com as eleições de 2016 vencidas, a IRA trabalhou duro novamente nos EUA em meados de 2018 em nome dos candidatos Republicanos. Em março de 2020, com uma eleição presidencial americana prevista para novembro, a rede americana de notícias CNN informou que a IRA estabeleceu as fazendas de trolls para a reeleição de Trump na Nigéria e Gana, presumivelmente na esperança de que os olhos da NSA não as encontrassem lá.

O serviço secreto militar russo, o GRU, também se envolve em ciberataques contra as nações rivais. Ele apoiou tanto o ciberataque de Sandworm na rede elétrica da Ucrânia em 2015 e o hack do *Fancy Bear*, nos servidores do Comitê Nacional Democrático dos EUA (DNC), na preparação para as eleições de 2016 nos EUA, filtrando os e-mails roubados por meio do Wikileaks, o site que tem sido descrito tanto como um incansável militante contra a mentira e a corrupção no *establishment* quanto um fantoche ou "idiota útil" para o estado profundo do Kremlin. Em junho de 2017, os hackers do GRU lançaram o que foi descrito como o mais devastador ciberataque da história. NotPetya era um malware originalmente destinado à Ucrânia, mas que se espalhou rapidamente e indiscriminadamente pelo mundo, paralisando a empresa de transporte marítimo internacional Maersk, o correio europeu TNT Express e a fabricante farmacêutica Merck entre centenas de outras organizações a um custo estimado de US$ 10 bilhões. Chegou até à empresa petrolífera estatal russa, Rosneft. Ironicamente, NotPetya era habilitado por uma ferramenta de penetração chamada EternalBlue, que os hackers roubaram da NSA.

Departamento de Crime Digital da Coreia do Norte

Conhecida como Office 39, a temida agência de segurança digital da Coreia do Norte é um exército altamente qualificado de 6.000 hackers cujas principais atividades são o lançamento de ciberataques desestabilizadores na Coreia do Sul e na América, e o roubo cibernético de fundos de bancos, empresas e instituições financeiras em todo o mundo.

Uma vez treinados, muitos agentes do Office 39 são enviados ao exterior para posar como trabalhadores ou estudantes estrangeiros. Pensa-se que cerca de 20% dos hackers da Coreia do Norte estejam sediados na Índia, com significativos números na Malásia, Vietnã, Quênia, Moçambique e Nova Zelândia. Por muitos anos, um centro do crime digital da Office 39 foi localizado no porão do Hotel Chilbosan, em Liaoning, na China, do outro lado da fronteira da Coreia do Norte. Em 2018, o governo chinês foi forçado a fechar o hotel para evitar sanções e os hackers seguiram em frente. Uma razão para os hackers da Coreia do Norte trabalharem no exterior é porque o próprio serviço de internet do país é mal administrado e controlado de forma rigorosa. Conhecido como Kwangmyong, opera mais como um sistema de intranet corporativo, com um número muito limitado de acessos a qualquer coisa além de seus firewalls altamente seguros.

Independentemente de onde estejam localizados os hackers da Coreia do Norte, seus alvos são previsivelmente fáceis de serem localizados. Os analistas estimam que a cada dia, cerca de 1,5 milhões de ataques são lançados contra a Coreia do Sul por computadores de seu vizinho do norte. As primeiras agressões de hacking começaram em 2009, contra departamentos governamentais, bancos e empresas. Em 2011, o malware "Dez Dias de Chuva" perturbou gravemente o Banco Nonghyup, da Coreia do Sul, e este foi seguido, em 2013, por um ataque maior, "DarkSeoul", aos três maiores bancos e empresas de meios de comunicação da Coreia do Sul, roubando e apagando dados sensíveis de clientes e empresas a um custo estimado de U$ 800 milhões.

No ano seguinte, os hackers norte-coreanos foram acusados de infiltrar-se nos sistemas da Sony Pictures e manter a empresa sob seu domínio até retirarem o lançamento do filme *The Interview*, uma comédia sobre uma conspiração para assassinar o líder da Coreia do Norte,

Kim Jong-un. Isto representou um passo para o hacking internacional, exemplificado no ataque de resgate '*Wannacry*', em 2017, quando 230.000 computadores em todo o mundo, incluindo os sistemas da NHS, no Reino Unido, foram infectados com um vírus que ameaçava apagar dados, a menos que centenas de milhares de usuários afetados pagassem US$ 300 em bitcoin. Felizmente, os hackers codificaram mal seu programa, o que significa que não puderam cobrar nenhum pagamento. No entanto, o ataque causou bilhões de dólares de danos.

Em 2018, um grupo de elite de hackers norte-coreanos havia lançado os amplos ataques, "Ceifador" e "FantasmaSecreto", aos bancos internacionais, mercados financeiros, sistemas de saúde e corporações. Um de seus primeiros sucessos foi o roubo, em janeiro de 2018, de US$ 440 milhões da operadora de câmbio de dinheiro digital baseada em Tóquio, Coincheck, o que forçou a empresa a fechar o negócio. Permanece um dos maiores roubos de moedas criptográficas de todos os tempos. Agências tais como a NSA e o Comando Cibernético na América estão, é claro, revidando, e os dois países estão engajados numa guerra virtual que só se intensificará à medida que a tecnologia digital se tornar cada vez mais sofisticada.

O desenvolvimento de estados profundos digitais é a prova da infinita ambição e engenhosidade de interesses adquiridos para vencer a todo custo. Todos os estados profundos - digital e tridimensional - prosperam melhor nas sombras. Expor suas atividades à luz é o primeiro passo para refrear ou mesmo terminar suas atividades e mostrar a seus conspiradores no governo e outros cargos de poder que eles não têm mais a passagem livre de que sempre desfrutaram. Como as redes de poder secretas reagirão a um escrutínio cada vez mais fechado e à exposição pública será, no mínimo, interessante. Uma exposição definitiva parece ser a tendência deliberadamente desestabilizadora não apenas nossa, mas também de nossos sistemas de crença, e dos estados profundos da criação de um mundo pós-verdade de fatos alternativos, realidades paralelas e a verdadeira mentira, que tem sido uma de suas realizações mais eficazes nos últimos anos. Em um mundo onde ninguém mais acredita em nada, as mentiras dos estados profundos podem mais facilmente passar despercebidas.

ÍNDICE REMISSIVO

CRÉDITOS DAS IMAGENS

Getty Images: 40, 56, 65, 88, 95, 119, 154

Library of Congress: 177, 183, 184, 191

Shutterstock: 62, 90, 142, 157, 200, 210, 230, 234, 237

Wikimedia Commons: 16, 19, 22, 27, 29, 34, 44, 48, 53, 59, 75, 81, 83, 98, 102, 106, 108, 113, 124, 129, 136, 147, 149, 245